AF493440

APRÈS L'ASSASSINAT

MORAL

LE DÉNI DE JUSTICE

C'EST LE

FINIS CORONAT OPUS

F. THÉBAULT

19, RUE BICHAT, PARIS

1883

TABLE DES MATIÈRES

Première Partie

Deuxième Partie

(Voir la suite de la table des matières à la 3e page de la Couverture)

APRÈS L'ASSASSINAT

MORAL

LE DÉNI DE JUSTICE

C'EST LE

FINIS CORONAT OPUS

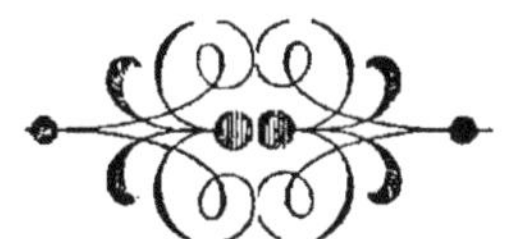

F. THÉBAULT
19, RUE BICHAT, PARIS

1883

Justice, Justice, Justice !

A ce puissant appel le substitut de La Martinière répond le 7 septembre 1878: « *Brave homme n'appelez plus; le procureur de la République m'a chargé de vous dire : pour vous comme pour tant d'autres, Thémis est sortie.* »

> Il y a cependant en France de bonnes gens qui vous diront qu'il existe de la justice et des tribunaux.
>
> JACQUES LAFFITTE.

Non ; mille fois non, il n'y a pas égalité devant la Loi, la preuve c'est que toutes mes protestations, toutes mes réclamations n'ont pu me faire rendre justice, et des jugements iniques ont fortifié les vices.

Aujourd'hui, usant du droit que me confère la Loi du 29 Juillet 1881 je soumets mes revendications à l'opinion publique, en cela j'imite les hommes de progrès et je n'hésite pas à protester vertement contre un système qui n'est pas de la plus grande équité et pour seconder mes efforts et dans l'intérêt général et pour être utile à l'ordre social,

J'engage quiconque connait un assassinat moral ou un déni de justice avéré et tout acte contraire à l'équité de le publier.

Dût-il être blâmé;

Condamné et emprisonné.

> Ce n'est ni la prison ni l'échafaud qui déshonore; c'est le crime.
>
> CORNEILLE.

La cour suprême (l'opinion publique) ce juge impartial et sans prévarication, finira bien par faire appliquer les travaux forcés à perpétuité et la dégradation civique (1) aux magistrats qui auront décidé ou par faveur ou par inimitié, et aux fonctionnaires publics qui auront dénaturé les actes et certifié comme vrais des faits faux, et grâce à ces publicités l'équité fera châtier des individus qui l'ont bien mérité.

---

(1) Les articles 146 et 183 et suivants n'ont pas été faits pour être appliqués à des honnêtes gens.

PRÉFACE

Vitam impendere vero.

Dire au public et au Pouvoir ce qu'on croit être la vérité, c'est, dans tous les temps, un devoir de l'honnête homme.

GUIZOT.

Ceux qui trouvent un intérêt à faire le mal craignent que l'on publie grandement la vérité sur leurs agissements; moi j'estime que tous les hommes devraient avoir pour devise : *Honneur et labeur,* et pour principe de ne pas faire aux autres ce qu'il ne voudrait pas qu'il leur fût fait.

Conservez ma devise, elle est chère à mon cœur;
Les mots en sont sacrés, c'est l'amour et l'honneur.

VOLTAIRE.

Ces fières devises ont toujours servi de règle à ma conduite et c'est pour leur obéir, quoi que puissent en advenir, que j'ai lancé les protestations que contient cet ouvrage ainsi que mes précédents, bien que la forfaiture ait voulu faire croire le contraire.

Après avoir protesté contre un nouveau déni de justice, j'avais résolu d'attendre jusqu'au 3 janvier 1883, pour présenter mes hommages à un jurisconsulte éminent, mes calculs furent heureux, car j'eus le bonheur de le trouver dans un des rares moments où ses clients lui laissaient un peu de répit, ce qui fit que je pus lui demander son avis sur des faits graves que j'avais vu et d'autres que j'avais lu dans les journaux.

Je lui dis que j'avais vu et entendu, le 27 décembre 1882, le président d'une des Cours d'appel du département de la Seine, avant d'avoir donné la parole au Ministère public, par conséquent, avant d'avoir consulté les conseillers demandé à l'avocat de l'une des parties dans quel sens il voulait que la cour libellât le jugement de l'affaire pour laquelle il venait de plaider; l'avocat de la partie adverse, surpris, n'osa pas protester contre cet abus, s'il s'était agi d'écarter un flot de paroles amères, haineuses et même outrageantes échappées de la bouche d'un adversaire contre son client, il n'aurait point failli à cette tâche, mais lorsque l'abus de pouvoir partait d'un siège plus élevé, d'une bouche qui avait toute autorité dans l'enceinte, l'équilibre était rompu s'il ne voyait plus de place pour la robe qu'il portait, pouvait-il protester ou craignait-il les conséquences ?

J'avais lu avec stupeur dans le journal *le Droit,* du 13 octobre 1872, la réponse sténographique à l'interrogatoire que le président Millet avait fait subir à un ex-avocat :

« D. Votre nom ?

« R. Cinglant, baron de Crévecœur.

« D. Votre père était chevalier de Saint-Louis et de la Légion d'hon-
« neur, vous même avez été inscrit avocat au barreau de Paris, sous le
« bâtonnat de Me Dufaure, vous avez été rayé du tableau ?

« R. Je plaidais à cette époque un procès grave ; on publia les débats, « il me fallait alors, ou perdre ce procès, ou subir la décision qui m'a « frappé. »

Le deuxième fait qui paraissait dans les journaux du 31 décembre 1882, sous la rubrique :

Un fait indigne

se résume ainsi :

« Ceux qui ont suivi les débats de l'affaire des troubles de Montceau- « les-Mines, savent avec quel dévouement un jeune avocat du barreau « de Paris, Me Laguerre, a défendu la cause des ouvriers mineurs.

« Ce dévouement n'a pas plu au conseil de l'ordre des avocats : Me La- « guerre vient de voir son nom rayé du tableau, etc. »

Mon conseil me dit : Le dernier fait n'est pas confirmé, la presse aurait énergiquement protesté, mais le premier, je crois, n'a pas été démenti, il ajouta : je ne vois pas où vous voulez en arriver. Je dus lui expliquer que contre toute justice, le 7 décembre 1882, la 7me Chambre du tribunal civil de la Seine, présidée par Me **B. Beauprès,** avait refusé de nommer un expert pour examiner des travaux qui violent les articles 1720, 1723 et 1724 du code civil et qui, par la mauvaise exécution et outre le préjudice, peuvent causer un danger d'une grande gravité, qui pourraient occasionner la mort.

Mon éminent conseil me dit : alors on fera une enquête qui établira la responsabilité, il vous reste la possibilité d'aller en appel, tant qu'à la perte de votre procès c'est de votre faute ; lorsque vous étiez venu me consulter au sujet de votre procès contre **Pommier**, je vous dis de faire imprimer un mémoire précis et bien détaillé ; plus tard, lorsqu'un de vos fournisseurs voulut exiger ce qui ne lui était pas dû, vous avez fait faire un mémoire manuscrit qui expliquait nettement la situation ; il est vrai que toutes ces répétitions vous indisposent et vous fatiguent. Malheureusement pour vous, vos adversaires profitent d'un fait inique pour démontrer le beau côté d'une cause véreuse, il en sera toujours ainsi jusqu'au moment où vous aurez fait imprimer un mémoire général de votre conduite et des agissements qui ont été employés pour obtenir contre vous un jugement qui peut être regardé comme un assassinat moral ; à votre place je ferai une protestation bien détaillée, je rappellerai tous les faits qui démontrent que la magistrature s'est trompée bien d'autres fois ; j'entrerai dans tous les détails qui ont précédé votre rupture avec **Le Conservateur** et aussi ceux de la formation de la **Caisse Nationale,** les plaintes erronées des administrateurs qui ne pouvaient fournir les sommes pour lesquelles ils s'étaient engagés, il ne faudrait pas oublier de reproduire vos protestations énergiques pendant le jugement et votre détention, la non-exécution du mandat du liquidateur judiciaire de la **Caisse Nationale** que les administrateurs de cette Caisse avaient choisi, il faudrait dire aussi avec quelle rapidité vous avez amené la formation et la constitution des huit Sociétés **La Fortune,** l'enquête ordonnée par le parquet, les agissements et les déclarations que durent faire le directeur et les administrateurs à savoir que la lacération des livres et la falsification des écritures avaient pour but de vous dépouiller des sommes qui vous étaient dues, le peu de cas que l'on fit de vos plaintes contre **Le Conservateur**. La tentative que **Le Conservateur** fit pour vous faire condamner soit par le tribunal ou la Cour correctionnelle. Il ressort clairement de la défaite que **Le Conservateur** eût devant les tribunaux, que la diffamation n'existe que quand il y a intention de nuire et comme ce mémoire ne devra être que pour votre justification, personne ne vous inquiètera ni n'aura le droit de vous inquiéter si tous ceux qui ont connaissance et sont victimes d'un assassinat moral, ou un déni de justice le publiaient, les législateurs changeraient bien vite les lois où l'opinion publique désignerait celui pour qui les électeurs devraient voter, soit pour être sénateur, soit pour être député, le bulletin de vote remplace aujourd'hui avantageusement les révolutions sanglantes, et la lutte du pot de terre contre le pot de fer n'existera bientôt plus, les intrigants qui se plaignent à propos de bottes ne seraient pas plus écoutés et ceux qui font *bénir par le pape et recommander par le comte de Chambord des entreprises malhonnêtes*, ne trouveraient plus de gogos avec l'argent desquels ils volent des fortunes scandaleuses.

Comme vous l'avez dit dans votre brochure *La Réforme de la Magistrature,* jusqu'ici il n'y a pas eu égalité devant la loi pour plusieurs raisons, d'abord parce que pour se présenter en justice on oblige les plaideurs à avoir recours à l'huissier, à l'avoué et à l'avocat, ces deux premiers bien qu'officiers ministériels (fonctionnaires publics) exagèrent leurs comptes. Cette tentative d'escroquerie est consommée, si les coûts amplifiés ne sont pas soumis à la taxe.

S'il est reconnu qu'un commerçant vend à faux poids, il est infailliblement puni, il aurait beau dire que les clients peuvent contrôler les pesées par les bascules publiques ou d'autres négociants et même que s'ils ne sont pas contents de la manière dont il les sert qu'ils peuvent s'adresser ailleurs, tous les raisonnements n'éviteraient pas une condamnation pendant que l'officier ministériel n'est pas poursuivi pour un délit identique à celui du marchand à faux poids, puisque le résultat de l'un comme de l'autre est de vouloir s'emparer de la fortune d'autrui.

Cette amplification dont la pensée devrait faire rougir tous les hommes qui ont le plus petit sentiment de l'honneur fait comme vous le dites dans *La Réforme de la Magistrature* qu'un chat est un chat, que tous les voleurs mériteraient le même châtiment (1).

Pourquoi ne diriez-vous pas que l'avoué **Paul Duboys** avait promis son concours, débattu et déterminé, dans votre procédure qui est pendante contre **Pommier** et dans quelle circonstance il vous a manqué de parole? Il faudrait reproduire le compte-rendu sténographique de la **Caisse des Prêts** : il démontre des procédés peu délicats. Dans la liste des actionnaires que vous m'avez communiquée se trouvent tous les individus qui avaient intérêt à critiquer votre grande loyauté.

---

(1) Jeter un blâme à une corporation sans prouver immédiatement les fautes qu'elle commet ferait peut-être supposer de l'esprit de critique.

Je cite à la page précédente un fait d'une affaire sommaire, c'est-à-dire tout ce qu'il y a de moindre dans la procédure. Je vais tâcher de réserver une page, dans cette brochure, pour reproduire la note des frais, tels qu'ils sont et tels qu'ils devraient être.

PREMIÈRE PARTIE

Avant l'abrogation de la loi du 9 juin 1819, loi qui interdisait la preuve devant les tribunaux, j'avais répandu à profusion une brochure qui avait pour titre :

NE VOTEZ PAS SANS AVOIR LU

car alors vous exigerez de vos mandataires

QU'ILS FASSENT DES LOIS UTILES PLUTOT QUE DE CUMULER DES EMPLOIS

LES PLUS URGENTES SONT

LA RÉFORME DE LA MAGISTRATURE

ET DE L'ORGANISATION JUDICIAIRE

Afin de mettre un terme à l'exagération des frais dont profitent des légions d'Huissiers, d'Avoués, d'Avocats, qui s'engraissent en éternisant la Procédure.

Et j'y prouvais que si on écartait avec soin la politique de tout ce qui doit être justice et tribunaux, on n'aurait pas eu à subir la critique suivante qui tomba d'une des tribunes nationales :

« *Le monde entier crie contre le scandale d'une affaire dans laquelle, après avoir fait venir un ex-garde-des-sceaux, les juges refusèrent de l'entendre par ce qu'il aurait déposé dans un sens contraire à la décision qu'ils voulaient rendre; l'inamovibilité, dit l'orateur, fait que bien des jugements ne sont pas irréprochables.*

« *Si, au lieu de l'inamovibilité, les juges étaient responsables de leurs actes, on ne les verrait pas lire les journaux ou dormir à l'audience; ce n'est ni à la politique ni au dieu Morphée qu'ils doivent demander des inspirations sur la décision qu'ils vont rendre.* »

Oui, avant la promulgation de la loi du 29 juillet 1881, il fallait une certaine audace, pour demander que l'on modifiât un état social où il se trouve des gens qui ont plus de dîners que d'appétit et des gens qui ont plus d'appétit que de dîners. Cette organisation vicieuse est une sorte de machine effroyable qui n'enrichit les uns qu'en écrasant les autres.

Qui croirait que ceux qui avaient intérêt au changement que je demandais furent les premiers à chercher à entraver mes revendications?

Un fournisseur voulut profiter du mauvais accueil que cet ouvrage aurait eu en justice pour me réclamer ce qui ne lui était pas dû. L'affaire fut portée devant la 7e Chambre. Cette Chambre, contrairement à l'usage, se trouve, par une mauvaise disposition du local et un mauvais aménagement, à avoir le jour de côté ; le Tribunal a le dos aux croisées, ce qui fait que le public a la lumière en face ; c'est un inconvénient et parfois cela peut gêner les juges, comme j'ai cru m'en apercevoir. Le jour où la cause était appelée, cette Chambre était présidée par M. LACAILLE, l'ex-juge d'instruction le même qui avait instruit les plaintes erronées qui me firent condamner, dans les circonstances que je relate dans cet ouvrage. Soit qu'il se soit reconnu dans le portrait que j'avais fait ou qu'il fût de mauvaise humeur à la première audience, je crus que le jugement me serait défavorable. Heureusement mon avocat ne put plaider : l'affaire fut forcément renvoyée à huitaine, ce qui me donna le temps d'écrire le mémoire ci-après.

MÉMOIRE

« *Suum cuique* »

« La contestation qui est pendante devant la 7e Chambre se résume dans une question de compte et de livraison :

« 1° Si la livraison a été faite en temps opportun;

« 2° Si la quantité a été livrée.

« Cette brochure avait été faite et commandée pour être distribuée à la Chambre des Députés avant que la réforme de la magistrature soit débattue.

« Le dossier du demandeur doit contenir :

« 1° Le marché;

« 2° L'à-compte payé;

« 3° Les reçus de livraison;

« 4° La facture.

« La question est là, rien que là.

« Je suis surpris que le demandeur y ait joint une brochure. Rien qu'une brochure est insuffisante pour le tribunal composé de plusieurs juges, parce que le président, qui la connaissait sans doute, l'a mise dans sa poche, après avoir fait entrevoir, sans les chercher longtemps, quelques pages, notamment la page 20, à ses assesseurs, n'étant qu'entrevue par ces Messieurs, elle pouvait être défavorablement appréciée et ainsi déplacer l'équilibre.

« Que dit cette brochure ? qu'un homme peut être arrêté, détenu, condamné, bien que son existence ait été sans reproche avant comme après sa condamnation. Qui oserait dire que cela ne lui arrivera pas, dans un monde imparfait, avec des lois et des juges qui laissent à désirer ?

« S'il y a un blâme, doit-il atteindre la victime ou les auteurs d'une erreur judiciaire ? Les coïncidences sont souvent bizarres, et le grand vengeur de l'humanité profite bien souvent des plus petites circonstances pour rappeler à l'honneur et à la droiture ceux qui s'en sont écartés. . . . . .

« Je suis convaincu, à tort ou à raison, que si la peine du talion était appliquée, elle simplifierait les codes au point de vue matériel et vulgaire, et empêcherait que bien des crimes restent impunis; la morale n'en serait pas moins salutaire ni moins profitable.

« Je crois que dans cette affaire *l'intérêt est trop minime, quant à présent, pour faire imprimer un rapport.* Un mémoire manuscrit, accompagné d'un exemplaire de la brochure pour chaque juge de la 7e chambre suffira à éclairer leur religion, et ils pourront consciencieusement se prononcer dans l'espèce.

« Naguère des chevaliers d'industrie crurent que parce que j'avais été condamné, je n'oserais pas revendiquer mes droits. Mon honorable avocat a dit devant la 4e chambre de la Cour d'appel de la Seine : « Mon client m'a dit qu'il avait été condamné quoique innocent. JE LE « CROIS. »

« Cette conviction si loyalement exprimée eut pour conséquence l'interdiction de la lecture du jugement transcrit plus loin, jugement curieux dans ses attendus et ses considérants. Mon honorable avocat terminait en disant : *Dieu seul et lui savent s'il était coupable.* Au sujet de la question qui est pendante devant cette Cour, des preuves irréfutables en faveur d'un honnête homme que mon confrère aurait dû moins invectiver, sont dans ce dossier...

« L'arrêt me fut favorable et confirma le jugement des tribunaux consulaires.

« Fort de mon droit, j'attends avec confiance la décision aujourd'hui pendante devant la 7e chambre du tribunal civil de la Seine. »

« THÉBAULT,

« 19, rue Bichat, Paris. »

A l'audience, où j'avais déposé ce mémoire et une brochure pour chaque juge, le prononcé du jugement fut encore renvoyé à huitaine.

Avant la troisième audience, je conférais avec mon avocat dans la Salle des Pas-Perdus, lorsque M. **Lacaille** passa près de nous pour se rendre à l'audience; un instant après le garçon de la 7e chambre remit une lettre à mon avocat.

Je fis comme tout homme qui est imbu de son sujet; il se figure que tout ce qui se fait et tout ce qui se dit le concerne. Je crus donc que la lettre que le garçon de la 7e chambre remettait à mon avocat me concernait ou du moins avait rapport à mon procès, et une force irrésistible fit que je regardai par dessus l'épaule de mon avocat ce que contenait cette lettre. Cette indiscrétion, dont je rougis encore aujourd'hui, me fit connaître la teneur de la lettre, qui était ainsi conçue :

N° 4.

TRIBUNAL
de
PREMIÈRE INSTANCE
du
département de la Seine

« Maître,

« J'ai rendu un jugement en faveur de votre client. J'ai lu aussi sa notice sur la Réforme de la Magistrature.

« Je ne partage pas sa manière de voir, *mais je comprends et m'étonne qu'il ne soit pas plus acerbe.*

« Signé : LACAILLE,

Président de la 7e chambre.

Est-ce qu'un tel aveu de la part de l'ex-juge d'instruction qui avait instruit contre moi n'était pas significatif? Cette lettre n'était sans doute pas pour m'éviter de perdre mon temps, n'était-ce pas plutôt pour que je ne sois pas en face de lui lorsqu'il allait prononcer mon nom dans ce jugement dont le libellé ferait supposer qu'il avait d'autres préoccupations...................................

Dans la brochure *La Réforme de la Magistrature*, j'avais dû taire les noms de gens que je vais démasquer aujourd'hui, pourtant elle détermina les juges de la 7e chambre à m'être favorables, et l'aveu de son président était assez clair pour en démontrer l'importance. Aussi, après l'avoir lu, M. Victor Lamarre, **banquier à Paris,** crut devoir m'adresser la lettre suivante, qui servira de point de départ à mes justes protestations :

LE
CONSERVATEUR
Ord. royale
du 2 août 1844
Chaussée d'Antin, 57
Paris
Vor Lamarre
inspecteur divisionnaire
des départ. de l'Est
et de la Suisse
à Damery (Marne)

Damery, 15 septembre 1881.

Cher Monsieur Thébault,

« Depuis longtemps je désirais vous voir, mais j'avais entendu dire tant de mal de vous au **Conservateur** que j'hésitais.

« J'ai lu votre brochure, elle m'a décidé ; j'irai vous voir. Elle ne m'a pas seulement décidé, elle m'a émerveillé. C'est mon histoire future qu'elle contient ou du moins celle que l'on se propose de recommencer, car je suis dans les mêmes mains, et déjà le chapitre premier est fait ; mais soyez tranquille, j'ai tous les éléments pour que la suite n'arrive pas au prochain numéro.

« Quel malheur que votre brochure qui est si vraie ne puisse pas être envoyée aux juges ; mais avouez-le, elle est trop vraie. Les Montesquieu seuls pourraient ne pas s'en fâcher, et vous savez que la graine en est perdue, surtout dans la magistrature.

« Je ne dis pourtant pas que je n'en tâterai pas l'essai ; mais je tiens à vous voir avant.

« En attendant, accumulez notes sur notes concernant le Jaunard, mettez de côté tous les journaux qui parlent ou qui ont parlé de la Compagnie **le Conservateur**. Je n'ai pas besoin de vous dire que pour vos moindres déboursés, nous nous entendrons.

« Je vous adresse la brochure pour laquelle j'ai été cité et condamné *par défaut*, je n'étais pas prêt, en police correctionnelle.

« Je n'espère pas être à Paris avant une dizaine de jours ; si le cœur vous en dit et que vous ayez le temps, venez passer quelques jours.

« Tâchez surtout d'en savoir le plus possible sur la transformation que **le Conservateur** doit faire, la prime fixe, de connaître les actionnaires, etc., etc.

« Du reste, mon affaire ne revient que le 12 novembre, nous avons le temps d'agir d'ici là.

« Une bonne poignée de main. »

V. LAMARRE.

« Lisez aussi mon compte rendu de la Caisse des prêts (V. le journal). »

La lettre de M. Lamarre pose dès le début un fait et soulève une question. **Le Conservateur** parlait mal de moi. Pourquoi me poursuivait-il de sa haine? Les extraits de trois lettres ci-après fourniront sur ces points les éclaircissements les plus topiques.

LE
CONSERVATEUR
Comp. anonyme
d'assurances mutuelles
sur la vie
autorisée par ordonn.
du 2 août 1844
Direct. - Organisation
Bureaux :
Lille, rue de l'Orphéon, 18
Lyon, rue de l'Impératrice, 93
THÉBAULT
Direct.-divisionnaire

Lyon, 8 juillet 1868.

J'ai résolu, pour n'être pas complice des mauvaises actions qu'ils faisaient, de me séparer d'eux pour jamais.

LE SAGE.

Monsieur Desbouillons,

« Je vous préviens pour la dernière fois que si dimanche, 12 du courant, je n'ai pas la liste des souscripteurs de l'Ain et de la Loire, avec leur position, c'est-à-dire : un tel a payé tant d'annuités, tel autre n'a payé que des droits de gestion, et un tel a eu tant à la répartition, en indiquant la date des contrats, les journaux vous annonceront la marche que j'aurai prise, car je ne veux pas passer pour un voleur en représentant une Compagnie qui ne s'occupe plus des assurés quand elle a touché le 5 0/0.

« Voici copie d'une lettre que je reçois, à l'instant même, d'un de mes agents :

« Monsieur Thébault, de quelque côté que je me « tourne, je ne vois que de mauvaises affaires. Par « exemple, à Litros, à Saint-Galmier, à Saint-Just-sur- « Loire, à La Fouillouse, à Firminy, à Chambon, enfin à « cinq heures aux environs de Saint-Etienne et à Saint- « Etienne même, je ne puis réaliser aucune affaire, ce- « pendant je me donne assez de mal, et tous les agents « que j'ai formés me font aujourd'hui des reproches et « me disent tous que j'ai cherché à leur faire tromper « le monde de leur localité. A force de parler, ils ont « trouvé une masse de personnes assurées chez nous « depuis quatre ans qui n'ont jamais entendu parler de « leur assurance depuis qu'elles ont payé leurs droits « de gestion. Vous devez penser, Monsieur, quelle dé- « confiture pour moi. Veuillez donc, Monsieur Thébault, « m'aider à réparer, si cela se peut, ces affaires, car tous « ces gens voudraient continuer en payant comptant « les arrérages des annuités échues. Si cela se pouvait, « que d'affaires à réaliser. Dans le cas contraire, je me « vois forcé d'abandonner la place. Veuillez donc, Mon- « sieur, me donner des ordres à ce sujet et me faire ré- « ponse le plus tôt possible, car tous les jours je suis « dans chacune des localités le but de la conversation « des habitants et ce n'est pas d'un bon effet. »

« Je livre sans commentaires cette copie à vos réflexions et vous préviens qu'à dater de ce jour, et chaque fois que vous ne répondrez pas d'une manière satisfaisante à mes lettres, vous recevrez ma correspondance non affranchie. »

P. S. — Voilà le résultat des opérations de MM. Chambond, Ouillade et Chaudière, et dans quelque temps le département de l'Isère ne vaudra pas mieux. »

Signé : THÉBAULT.

Directeur divisionnaire.

RÉPONSE DU CONSERVATEUR

DANS LAQUELLE IL ÉLUDE LA QUESTION ET TRAITE DE CALOMNIES LES FAITS TROP VRAIS QUE JE SIGNALAIS

LE
CONSERVATEUR
Comp. anonyme
d'assurances mutuelles
sur la vie
autorisée par ordonn.
du 2 août 1844
Direction générale
rue de Richelieu, 102

No 104703

Paris, le 10 juillet 1868.

Monsieur,

« J'ai l'honneur de vous confirmer mes lettres et envois du 9 courant.

« Voulant à tout prix vous adresser avec l'état des souscripteurs de Lyon qui n'ont pas payé leurs quittances d'avril, les listes des départements de l'Ain et de la Loire, j'ai fait, toutes affaires cessantes, établir ces dernières; vous trouverez le tout sous ce pli.

« Comme vous, Monsieur, je comprends toute l'importance de raviver la confiance de nos souscripteurs, et à cet effet, je fais insérer dans les principaux journaux de l'Ain et de la Loire l'annonce suivante :

« **Le Conservateur,** Compagnie anonyme d'assuran-
« ces mutuelles sur la vie dont le siège est à Paris, 102,
« rue Richelieu, fort de sa bonne position, avait cru pou-
« voir ne faire aucun cas des bruits calomnieux répandus
« à dessein par des personnes intéressées à lui nuire.
« Ces bruits ont jeté le trouble dans l'esprit de ses sous-
« cripteurs, et soucieuse de leurs intérêts, la Compagnie
« a donné l'ordre à un de ses inspecteurs de visiter cha-
« cun d'eux à l'effet de ranimer leur confiance.

« Aux bruits de liquidation, de cessation de ses opé-
« rations, etc., **le Conservateur** croit devoir n'oppo-
« ser que des chiffres.

Dans les six premiers mois de 1868, il a recueilli « pour francs : 12.478.870,91 de souscriptions nouvelles.

« Il a encaissé dans ce même laps de temps et placé en « rentes sur l'Etat, pour compte de ses associations, la « somme de francs : 2.772.072,36.

« Dans le cas où ces calomnies viendraient à se re- « nouveler, la Compagnie se verrait dans la nécessité de « recourir à la justice. »

« Vous le voyez, Monsieur, l'administration ne recule devant aucun sacrifice dans l'intérêt de ses souscripteurs.

« Je me suis borné aux départements ci-dessus, mais je vous autorise par la présente, si vous le jugez utile, à faire insérer cette annonce dans tous les autres départements de votre circonscription.

« Agréez, Monsieur, l'assurance de ma considération la plus distinguée. »

Pour la Compagnie,

Le Directeur :

Signé : DESBOUILLONS.

Pendant les dix-huit mois qui suivirent cet avertissement, **le Conservateur** s'observa dans ma division, ou du moins je n'eus pas connaissance qu'il y manqua à l'honneur. Mais, comme dit le proverbe : « Chassez le naturel, il revient au galop », le 9 février 1870 je dus écrire au **Conservateur** une lettre dont les principaux paragraphes sont ainsiconçus :

LE
CONSERVATEUR
Comp. anonyme
d'assurances mutuelles
sur la vie
autorisée par ordonn.
du 2 août 1844
Direct. - Organisation
Bureaux :
Lille, rue de l'Orphéon, 18
Lyon, rue de l'Impératrice, 93
THÉBAULT
Direct.-divisionnaire

Lyon, le 9 février 1870.

Monsieur,

3e §. « Je ne remettrai pas avant samedi les titres de M. Sorlin. D'ici là, vous avez le temps de réfléchir et de m'envoyer sa répartition dans l'association de survie, car vous l'avez fait frapper illégalement de forclusion. Vous aviez son certificat de vie dans les premiers jours de janvier; si vous en aviez besoin d'un deuxième, c'était à vous de lui demander, vous aviez le temps jusqu'au 30 juin. Je tiens à ce que vous répariez cette erreur, et vous déclare formellement que je lui donnerai le conseil de vous intenter une action si vous ne le faites pas.

« *Vous me demandez dans votre lettre si je veux être pour vous ou contre vous. Je veux être et serai toujours du côté des honnêtes gens, et aussi toujours contre ceux qui veulent tromper pour se procurer plus de ressources.*

. . . .

« Recevez, etc. »

Signé : THÉBAULT,
Directeur divisionnaire.

Enfin le 17 février 1870 j'écrivis au **Conservateur** une lettre si énergique que l'indignation seule pouvait la dicter.

Les 3e § et suivants sont ainsi conçus :

LE
CONSERVATEUR
Comp. anonyme
d'assurances mutuelles
sur la vie
autorisée par ordonn.
du 2 août 1844
Direct. - Organisation
Bureaux :
Lille, rue de l'Orphéon, 18
Lyon, rue de l'Impératrice. 93
THÉBAULT
Direct. - Divisionnaire

Lyon, le 17 février 1870.

Monsieur,

« Le 12 avril 1869, je vous signalais diverses erreurs : Pourquoi accepter trois périodes pour un assuré de 52 ans, quand il n'a que 19 ans et 7 mois de vie probable ? Mettre la 1re période avec réserve de survie et les deux autres sans réserve de survie ? Cette souscription est celle de M. Peillon, receveur municipal à Givors; elle a été faite par M. Gaujac. Si j'avais voulu faire ou accepter de pareilles souscriptions, mes bordereaux auraient été beaucoup plus forts; voilà la réforme que j'ai apportée dans ma division. Il serait à désirer que pareil abus n'ait jamais existé. S'il y a un billet de période, il n'est pas dû; autrement cette opération illégale le serait avec des circonstances aggravantes.

« Qu'avez-vous fait à la réception de cette lettre? Avez-vous corrigé cette erreur ? Non ! elle aurait privé votre caisse de 100 francs; il est vrai que ces 100 francs sont volés; qu'importe ? pourvu qu'ils grossissent la part de chacun, si toutefois vous partagez les fonds provenant de pareils faits, chose que je ne crois pas, car vous devriez craindre que quelqu'un demandât la provenance : il faudrait l'avouer, chose qui serait peut-être dure devant quelques personnes, pendant qu'en petit comité ceci va de soi.

« Vous avez aggravé cette opération illégale en me disant le 27 septembre dernier : « Nous ne prendrons pas ce billet de période. » Vous me l'avez confirmé le 12 et le 14 janvier 1870 devant votre conseil rassemblé, qui se composait de MM. Reneufve, Dominé et de Chain. En affirmant devant ces messieurs, vous saviez que c'était un mensonge, puisque le 3 septembre vous aviez réclamé à M. Peillon les cent francs illégalement

portés sur un billet à période, et il vous les avait envoyés le 25 octobre en bon sur la poste de 76 fr. 82, ce qui, avec les 23 fr. 18 cent. de complément espèces, fait les 100 francs. Que répondrez-vous à cela ? Que c'est une erreur. Que faut-il faire pour vous les faire rectifier, vos erreurs ? Vous êtes prévenu le 12 avril par lettre, le 27 septembre de vive voix, et enfin le 12 et le 14 janvier devant votre Conseil d'administration, de vive voix, et vous me direz que c'est une erreur? Moi je qualifie cet acte là tout autrement. J'ai toutes les pièces en main : M. Peillon me charge de lui faire restituer ses cent francs; j'aime à croire que vous donnerez des explications satisfaisantes, et je me réserve tous les droits que l'on peut avoir contre de pareils faits. . . . . .
. . . .

« Recevez, etc. »

Signé : THÉBAULT,
Directeur divisionnaire.

« *P. S.* — Je vous préviens, et vous me connaissez : quand j'ai prévenu et pris une décision, je la tiens; si jeudi prochain, 24 courant, je n'ai pas de réponse satisfaisante, j'écris pareille lettre à M. Riffault, et lundi 28, je dépose une plainte au Parquet et informerai M. le Ministre de vos faits, et vous préviens que j'en ai d'autres à l'appui de mes dires. Je vous avais demandé si vous vouliez me faire aller à Paris, je vous l'aurais dit de vive voix; vous n'avez pas voulu dépenser les frais de voyage, ce qui fait qu'il en restera trace sur mes registres. Il est inutile que vous écriviez à M. Peillon, j'ai toutes ses pièces et les joindrai à la plainte que je déposerai après les avoir fait viser, *ne varietur*. Vous vous expliquerez pour tous ces faits devant qui de droit. »

On comprend facilement que je ne pouvais être adoré de gens que j'avais si vertement fouaillés, d'autant plus qu'entre le 17 février et le 26 mars, **le Conservateur** me fit faire différentes propositions de corruption pour acheter mon silence. Quand il eut la certitude que ses offres énormes ne me feraient point départir du principe trop peu usité qui consiste à ne point vouloir faire aux autres ce que l'on ne voudrait pas qu'il vous soit fait, il me révoqua.

Qui, du **Conservateur** ou de moi, avait tort cependant? et ma rupture avec cette triste Compagnie peut-elle être regardée comme une révocation et donne-t-elle le droit au **Conservateur** de dire que de coupables agissements et la violation des règlements amenèrent ma révocation, sans expliquer que ces coupables agissements et la violation des statuts étaient le fait habituel de l'administration, que des agents honnêtes n'auraient pas dû laisser s'accomplir dans leurs circonscriptions. **Le Conservateur** tourna la question et donna le change en intervertissant les rôles; le Ministre du Commerce, trop crédule, rejeta la demande d'enquête que j'avais provoquée, et les agissements fâcheux continuèrent comme si rien ne s'était passé que de très naturel; **le Conservateur** osa aller plus loin et me traduisit en police et en cour correctionnelles : mais devant ces deux tribunaux, il en fut pour sa courte honte et pour deux condamnations aux dépens.

. . . .

Donc, avant la loi du 29 juillet 1881, les plaintes contre **le Conservateur** restaient sans effet. Est-ce parce qu'elles étaient trop nombreuses ? M. Coïn m'a affirmé que pour connaître le nombre approximatif de ce qu'il en avait vu au Ministère du Commerce, il faudrait les peser, sans cela on mettrait plusieurs journées à les compter.

Aussi longtemps qu'on avait pu supposer que je serais aveuglé sur les agissements blâmables du **Conservateur,** son directeur affectait de me tenir en haute estime, ainsi qu'il ressort de la lettre suivante :

Genève, le 23 avril 1870.

Monsieur Antoine Jacquemet,

Chez Monsieur Leshoug, agent de change,

Rue Rossini, 4, Paris.

« Suivant l'axiôme financier: « Tant vaut l'homme, tant vaut l'affaire », entièrement édifié et après un sérieux examen, je vous adresse M. Thébault, ex-directeur divisionnaire de la Compagnie **le Conservateur.**

« M. Thébault devait monter avec cette Compagnie et pour cette Compagnie une Société internationale ayant son siège principal à Genève et son siège administratif à Paris; puis cette affaire s'est rompue pour des raisons qu'il vous expliquera verbalement.

« M. Thébault est tout à fait rompu dans les affaires d'assurances, dont il s'occupe depuis huit ans; c'est, de plus, un des hommes les plus actifs et les plus intelligents de France, parfaitement au courant de la partie matérielle, soit, les affaires à créer.

« Ces renseignements m'ont été fournis par M. Wautier, président du Conseil d'Etat, et par M. Bourcard, directeur de l'importante Compagnie *la Bâloise*, tous deux tenant ces renseignements du directeur de la Compagnie **le Conservateur,** M. Alexis Desbouillons, qui les avait invités à la réunion qui avait eu lieu les 12, 13 et 14 janvier 1870, pour examiner les projets de M. Thébault avant sa rupture avec cette Compagnie, **le Conservateur.**

« Présentez, je vous prie, M. Thébault à M. Grevedon. Tenez-lui la main.

« Signé : PELLETIER,

Banquier, ex-trésorier de l'exploitation des mines aurifères de la Californie, Administrateur de la Société immobilière de Genève, Propriétaire du domaine de Férua.

J'étais un phénix avant mes réclamations; je devins un brigand aussitôt que j'ouvris les yeux.

> Sois aussi pur que la neige,
> Tu n'échapperas pas à la calomnie.
>
> HAMLET.

> Les hommes assez vils, scélérats et pervers,
> Peuvent faire une injustice aux yeux de l'Univers.
>
> *(Dossier de la Magistrature.)*

> Je dirai presque de moi : je ne serai pas voleur ou meurtrier, je ne serai pas un jour puni comme tel ; c'est parler bien hardiment.
>
> LA BRUYÈRE.

AVANT D'ALLER PLUS LOIN, JE DOIS DIRE

COMMENT D'EX-COCHER DE FIACRE ILLETTRÉ JE PEUX FAIRE ÉDITER DES LIVRES JUSTEMENT APPRÉCIÉS.

Frappé, quoique innocent, par un jugement, dans les circonstances relatées plus loin, j'avais acquis la triste certitude que si, comme on le dit, la justice ne se trompe pas, elle se laisse trop facilement tromper et qu'elle condamne bien souvent des innocents, aux lieu et place des coupables. Et les noms de l'amiral de Chabot, du maréchal de Marillac, de Lally-Tollendal, de Coucy-Martin, Monbailly, Lescurgues, Philippi, la femme Doize, Louard, Baffet, Dasfud, Carpentier, Adèle Bernard, Lerondeau, etc., etc., n'ont-ils pas été proclamés innocents tardivement, et alors que les plus heureux de ces infortunés avaient déjà gémi dans les prisons ou aux galères.

Angelo-Marias Zuccarini, après neuf ans de travaux forcés, fut reconnu innocent.

Voyez l'injustice de la justice. Les frères *Brosset*, eux aussi, étaient innocents et avaient protesté de leur innocence, un bon réquisitoire les fit condamner à **sept ans de travaux forcés,** après être resté plus de dix-huit mois dans les fers, les vrais coupables furent découverts, avouèrent leur crime et furent condamnés à **treize mois de prison,** pour le même crime.

Ceci ne prouve-t-il pas qu'il y a deux poids et deux mesures dans la **balançoire de la justice.** Est-ce tout ? Non !..... et lors même que cela serait tout, n'est-ce pas assez pour mériter une réforme judiciaire ?

Une fois que je fus certain qu'il y avait des quantités de victimes de ces prétendues erreurs judiciaires, je recherchai les auteurs qui les révélaient. J'ai consulté presque tous les ouvrages des grands écrivains des XVe, XVIe, XVIIe, XVIIIe et XIXe siècles : d'Aguesseau, Montaigne, Molière, Racine, La Fontaine, La Bruyère, Voltaire, tous les encyclopédistes, Beaumarchais, le président de Harlay, Filangieri, etc., etc. Cet illustre criminaliste va plus loin, il affirme que l'infamie dont le bourreau est couvert n'est pas l'œuvre de la nature, il dit que bien des juges sont plus méprisables et plus méprisés que l'exécuteur de leurs arrêts. De ces lectures il est facile de se convaincre que s'il fut un temps où la plus belle fonction de l'humanité, celle de rendre la justice, était en honneur ; il est à craindre que si les abus continuent, ce prestige ne soit remplacé par l'avilissement et le mépris.

Après avoir démontré de quelle façon les magistrats ont usé et abusé des pouvoirs discrétionnaires, l'auteur du dossier de la magistrature demande :

« Après cela faut-il tirer l'échelle ?

« Non ! il y a quelque chose de plus odieux, de plus méprisable, de plus infâme : c'est le procureur général. » Puis il cite un nom et continue ses révélations.

Les pages 255 et suivantes de cet intéressant ouvrage retracent une partie de l'interrogatoire de la femme Pauline Doize, lorsque les vrais coupables passèrent en assises.

En lisant cette pièce officielle je me suis demandé si réellement des faits aussi monstrueux ont pu se passer en France dans la dernière moitié du XIXe siècle.

Le président. — D. On avait trouvé des taches de sang sur vos vêtements.

R. C'étaient des taches de suie, il pleut dans notre cheminée et souvent la suie tombe sur moi.

D. Les experts disent que c'était du sang.

R. Ces messieurs ne savent pas ce qu'ils disent.

Le président la questionna *(toujours par interprète, car elle ne parlait que le flamand)* sur ses aveux.

L'accusée, se tournant vers l'interprète. — Mais c'est vous qui m'avez forcé à avouer, parce que si je disais *non,* vous me menaciez de me mettre dans un trou *(dans un cachot).* C'est vous qui me disiez que je resterais dans un trou si je ne disais pas que j'étais coupable.

L'interprète. — Je traduisais les paroles de M. le juge d'instruction.

D. A-t-on exercé des contraintes sur vous?

R. On m'avait mis dans un trou noir où il n'y avait pas d'air, j'ai eu peur qu'on m'y remette et *j'ai dit ce qu'on a voulu ! ! !*

D. Vous laissait-on vous promener tous les jours?

R. On ne m'a laissé sortir que deux fois en six semaines.

D. Avez-vous demandé à sortir plus souvent ?

R. Oui, mais le greffier me disait : *dites que vous êtes coupable,* et vous sortirez.

D. Vous êtes accouchée en prison ?

R. Oui, mon enfant n'a vécu qu'un mois.

Que dites-vous de ce juge d'instruction, qui enferme une femme enceinte de sept mois dans un cachot ? Des questions qu'il lui adresse ? Du secret qu'il lui fait imposer et qui eut pour résultat de tuer l'enfant qu'elle portait dans son sein ?. . . . .

Mais ce n'était pas tout, à la torture morale se joignait la torture matérielle.

Tous les matins on retirait à cette malheureuse la paillasse ,qui lui servait de couchette, et si la malheureuse innocente voulait s'asseoir dans le jour, c'était sur la dalle humide qu'elle devait étendre ses membres.

Le procureur général demanda au gardien en chef si le cachot où était tenu au secret la femme Doize avait une ouverture quelconque.

R. Mais oui, monsieur le procureur général, il y avait un trou de la grandeur d'une brique.

Toutefois il se garde d'ajouter que ce trou donnait sur un couloir ombre.

Enfin, dans la crainte qu'elle ne se suicidât, on lui avait mis la camisole de force et le gardien ajoute : « En tout, je n'ai jamais agi que par ordre supérieur. »

Ceci est bien horrible, n'est-ce pas, ceci touche à l'invraisemblable. Eh bien ! il y a quelque chose de plus épouvantable que tout cela, il y a le verdict où le ridicule le dispute à l'odieux :

Par l'aveu et la condamnation des vrais coupables, l'innocence de la femme Pauline Doize était démontrée, cependant le président des assises et le procureur général prétendirent qu'ils ne pouvaient proclamer son innocence, ni même se borner à déplorer une fatale erreur judiciaire. Dans la crainte de faire une injure à la magistrature tout entière, le procureur général osa adresser à la femme Doize les paroles suivantes : « **Je renonce à soutenir l'accusation contre vous, mais je ne vous réhabilite pas ! ! !** »

Et le président, renchérissant, rendit ainsi son arrêt :

« La femme Gardien (Pauline Doize), doit sortir libre d'ici, mais sans appeler sur elle l'intérêt qui se rattacherait à une victime d'une erreur judiciaire. *Il n'y a pas d'erreur, ni de victime. Si les juges ont été trompés, ils l'ont été par elle-même ! ! ! !* »

Le bouillonnement d'indignations générales, que ces paroles soulevèrent, fit qu'une souscription publique, préconisée par M. Odilon-Barrot, et à laquelle prirent part les membres les plus éminents du barreau français, vengea la femme Doize des duretés du président, qui la savait innocente et victime.

N'y a-t-il pas là de quoi justifier amplement l'appréciation de M. Jules Grévy, lequel, consulté sur la réforme opportune à apporter dans la magistrature, répondit : « *Les réformes, je n'en connais qu'une, la supprimer.* »

Les journaux du 20 juillet 1882 ont annoncé que M. le président de la République, usant du droit souverain, avait fait grâce à trois condamnés à mort et commué leur peine en celle des travaux forcés à perpétuité. L'entérinement des lettres de grâce eut lieu, suivant l'usage, devant la cour d'appel de Paris. Le procureur général près le parquet de ce ressort, crut devoir commenter la décision du chef de l'État et donner aux bénéficiaires de cette décision le conseil de se repentir devant Dieu et devant les hommes. Ce à quoi l'un des trois condamnés s'écria qu'il avait toujours protesté de son innocence. « Le Christ, dit-il, a été vendu pour huit pièces d'argent, moi j'ai été vendu pour trente kilos de tabac. » Est-ce le seul ?

Il y a quelques mois seulement, dans les procès des duchesses de Chaulnes et de Chevreuse, ne fut-il pas prouvé qu'un juge avait donné de l'argent à un des prévenus, et qu'est-ce que cette peccadille auprès de la série des illégalités, ou pour parler plus franchement, des crimes que révèle le *Journal des Landes.*

Un juge d'instruction, voulant obtenir à tout prix qu'un témoin déposât contre des accusés, et voyant qu'il s'obstinait à dire qu'il ne savait rien, le fit mettre en état d'arrestation pendant dix mois, dont sept au secret. Ce juge d'instruction, sentant bien qu'il n'y avait pas crime de faux témoignage, avait tourné la difficulté et fait arrêter le témoin comme « complice ». Comme ce malheureux résistait à la torture du secret, le juge d'instruction fit comparaître sa femme, et comme elle refusait de faire des fausses déclarations, le juge d'instruction la fit jeter en prison comme « complice ».

Le mari et la femme résistèrent ; ils avaient une jeune fille de huit ans, le juge d'instruction la fit conduire devant lui. Comme l'enfant disait qu'elle ne savait rien, le juge d'instruction la fit arrêter comme « *complice* » et la fit maintenir plus de deux mois au secret. Or, le crime avait été commis il y avait près de dix ans!!!!!!!!!!!!!

LE POUVOIR DISCRÉTIONNAIRE ET L'INAMOVIBILITÉ

Il n'y a que le pouvoir discrétionnaire et l'inamovibilité qui puissent permettre à un juge d'instruction d'imaginer qu'une enfant de huit ans pouvait être complice dans une affaire préméditée et faire maintenir cette enfant *au secret* pendant plus de deux mois!!

Et combien de faits pareils sont restés inconnus avant la liberté de la presse.

Est-ce que tant de monstruosités ne sont pas assez pour mériter une réforme judiciaire?

On semble hésiter : craindrait-on de trouver pire? Et à côté des magistrats, ces prétendus officiers ministériels sont-ils plus dignes d'intérêt? et ces hommes de robes et de toque ne pourraient-ils pas aussi être l'objet d'une réforme radicale?

LES SYMPATHIES INHÉRENTES AUX CHARGES D'OFFICIERS MINISTÉRIELS

On lit dans le *Bulletin des Tribunaux* du 17 février : un officier ministériel, mandataire forcé, ayant détourné à son profit les sommes énormes que ses clients lui avaient confiées, pour en faire un emploi déterminé, est condamné à *deux mois* de prison et *vingt-cinq* francs d'amende. Quelques lignes plus bas, le même journal publiait une condamnation à vingt ans de travaux forcés pour le vol d'une valeur insignifiante.

Il est vrai que le deuxième coupable n'était pas un officier ministériel, mais un simple malfaiteur.

Naguère tous les journaux se sont intéressés et alarmés de la disparition mystérieuse de l'ex-avoué CHARLES DES ETANGS, et ceci jusqu'au moment où on eut la certitude qu'il était parti avec la caisse, en laissant un déficit de plusieurs centaines de mille francs.

Et ce ne sont pas là des faits isolés, dont l'extrême rareté ferait en quelque sorte l'éloge de la majorité des officiers ministériels; une des dernières statistiques, établie sur la moralité de ces messieurs, a démontré que plus de 37 0/0 des gardes-notes étaient indignes de remplir des fonctions honnêtes. La criminalité est loin d'aller jusque-là. En prenant l'ensemble des professions, celle de ces messieurs fait exception, heureusement.

UN CONSEIL

Aux personnes qui croient que si elles avaient été condamnées, bien qu'étant innocentes, après être sorties de prison elles iraient poignarder les misérables qui auraient aidé à les faire arrêter et condamner injustement.

Je réponds et soutiens qu'un tel raisonnement est absurde. Celui qui se vengerait par la violence serait infailliblement arrêté et poursuivi, et cette fois, sa condamnation rendrait intéressants des gens méprisables et la main du bourreau s'étendrait sur ce nouvel assassin qui ne serait désormais digne d'aucune considération, car, par sa brutalité, il aurait reculé l'heure de la délivrance et fortifié l'autorité d'un système judiciaire que trop de bénéficiaires actuels ont intérêt à voir maintenir.

Que celui qui veut protester énergiquement imite le Don Quichotte de la rue Saint-Martin; à lui aussi, on refusait de rendre justice; il se garda bien de menacer personne, il se rendit le 9 juillet 1879, au Conseil d'Etat, comme d'habitude, on lui refusa une audience. Sans se déconcerter, il tira plusieurs coups de révolvers sur les chapeaux des conseillers. Une fois la panique calmée, ceux qui avaient toujours refusé de lui accorder des audiences, voulurent connaître la cause d'un pareil scandale, et les 30 mai 1880 et 31 août 1881, le Conseil d'Etat reconnaissait que les sommes énormes que l'on avait fait payer à cet honnête commerçant pour le curage de la Bièvre, avaient été indûment perçues, puisque son usine, placée sur ce petit ruisseau, était fermée depuis longtemps.

Je soutiens qu'il en sera toujours de même tant que la représentation nationale sera confiée à des hommes qui s'occupent plutôt de toucher de gros traitements et de forts dividendes que des intérêts généraux. Voyez plutôt : est-ce pour récompenser les Compagnies de chemins de fer qui venaient d'accorder une carte de circulation permanente aux Députés et aux Sénateurs, moyennant 10 francs par mois, ou est-ce pour que les dividendes ne diminuent pas, que ces messieurs ont écarté l'article 2 de la loi qui réglait l'intérêt des employés et ceux des Compagnies.

Les journaux républicains disent à ce sujet que pour certains individus, l'honneur c'est l'avidité, le devoir c'est l'intérêt, la conscience c'est le ventre; à ces citations dépouillées d'artifices, si Thémis ne donne pas raison, l'opinion publique la donnera et Jean Bonhomme saura désormais pour qui il doit voter, lorsque reviendront les élections.

Si les fondateurs de la **Banque de Lyon et de la Loire** et ceux de **l'Union générale** et les fauteurs de tant d'autres opérations plus que véreuses n'ont pas été poursuivis comme civilement responsables, c'est qu'il faudrait que les actionnaires versent de très fortes sommes pour l'enregistrement d'actions fictives; seul moyen légal d'obtenir l'arrestation de ceux qui devraient l'être d'office par la vindicte publique.

Si les lois étaient égales pour tous et que les Ministres, comme les simples particuliers, fussent responsables de leurs actes, les catastrophes et les aventures n'existeraient plus. Les insensés et les fous doivent être seuls irresponsables et il faut espérer que les Ministres ne sont ni fous ni inconscients ; par conséquent, s'ils font des fautes, une législation sage et honnête doit les traduire devant les tribunaux.

L'irresponsabilité fait naître l'incurie et les inconvénients et accidents qui en sont la conséquence ; aussi voyez comme on élude les questions que le plus simple bon sens autorise de faire aux autorités, lorsqu'il s'agit de la santé, de la vie et de la fortune de tous et de chacun.

P. L. M.

On voit avec orgeuil ces trois lettres servir d'emblème à une des plus grandes Compagnies de chemins de fer français ; veulent-elles dire : Paris-Lyon-Méditerranée ou Plaignez-les-Malheureux ?

Les nombreux accidents me laissent tout perplexe, surtout lorsque je pense au silence que l'on s'obstine à garder sur la cause des catastrophes que je vois trop souvent se renouveler; à mon avis, si l'on supprimait les gratifications, remarquez que je ne dis pas de supprimer les traitements, car ils sont insignifiants, pendant que les gratifications sont fabuleuses, probablement les accidents diminueraient comme par enchantement.

Le 5 septembre 1881, le rapide n° 10, venant de Marseille, écrasait à Charenton, à 9 h. 1/2, le train n° 580 qui était parti à 5 h. 58 de Montargis Le nombre des victimes émut l'opinion publique. Une commission composée d'un juge d'instruction et de hauts fonctionnaires, fut chargée de rechercher la cause de l'accident. Il paraît que l'on ne sait pas encore que si le train rapide était à 9 h. 1/2 du matin à Charenton, c'est qu'il était en avance, puisqu'il ne devait arriver à Paris qu'à 9 h. 53 minutes et que Charenton, situé à 6 kilomètres de Paris, est une station où le train n° 580 ne doit pas s'arrêter.

Les prix fabuleux que paient les contribuables les autorisent cependant à désirer et même à exiger d'être mieux servis.

REVENU DE LA FRANCE

DEMANDE DU BUDGET DE 1883

CHAMBRE DES DÉPUTÉS

Séance du 25 Juillet 1882

Le Ministre des finances, Léon Say, en développant la proposition du budget qu'il soumettait au Parlement, dit : On doit faire face à des besoins s'élevant à **sept milliards neuf cents millions**. Avec ce chiffre énorme, on pourrait dire et croire que les corps dirigeants sont bien organisés, que la police est bien faite et qu'elle arrêtera tous les voleurs, n'est-ce pas ? Ah ! bien oui.

LA POLICE

La police arrête bien par-ci par-là quelques petits voleurs, quelques vulgaires assassins. Lorsqu'il s'agit de quelques escapades, elle se démène, elle fait tapage, mais si l'affaire est sérieuse, on dit que l'enquête est ouverte, et c'est tout.

Les scandales de la rue Duphot furent étouffés, parce qu'il aurait fallu démasquer des hommes que l'on voulait pouvoir décorer, et la Chancellerie aurait ôté la croix de la Légion d'honneur à ceux qui l'avaient déjà. On se tut aussi sur les scandales de Bordeaux et sur ceux de Lyon pour les mêmes raisons.

Le 24 juillet 1882, on lisait dans le *Petit Parisien* sous la rubrique : *les Satyres de Bruxelles*, des détails sur de révoltants scandales. Onze enfants de 13 à 14 ans étaient livrées ensemble à des hommes appartenant aux classes dirigeantes : **magistrats, fonctionnaires, etc.**

« Aucune arrestation n'a été faite, en raison de la haute position sociale qu'occupent les individus surpris en flagrant délit. La justice informe. »

Est-ce impuissance, incapacité ou inertie qui fait que la police ne mène à bonne fin que quelques vols vulgaires, et encore arrive-t-il souvent que ceux qu'elle arrête sont acquittés par les tribunaux.

LES TRIBUNAUX

Les tribunaux prononcent bien quelques petites condamnations, mais s'il s'agit d'un haut personnage ou d'une bande organisée, les hommes qui doivent protéger la société font la sourde oreille ; on dit même que dans ce beau pays, les évasions ne sont pas impossibles.

Ne nous étonnons donc pas si l'on trouve en France des bandes mieux organisées que celle de Luigi-Vampa; plus hardies que des détrousseurs de diligence et que celles qui, dans un pays voisin, font dérailler les chemins de fer, enfin si certaines dépassent dans leur conséquence les exploits des étrangleurs de Bouvanille, que la superstition rendait si féroces et si redoutables.

En France, les brigandages de tous genres s'organisent impunément avec siège social et conseil d'administration, assemblée générale, etc.

On se demande quel service rendrait une loi protectrice et équitable s'appliquant à tous, puisque dès les premiers jours de sa promulgation, on a senti les bienfaits de l'imparfaite loi du 29 juillet 1881, bien qu'elle ne permette de démasquer que certains individus (1).

UNE VOIX CONSIDÉRABLE

En 1864, une voix considérable, une des gloires de la France, *Monsieur Dupin*, s'était indigné; il considérait que pour qu'un contrat soit équitable, il fallait que les parties connaissent l'objet de la transaction, autrement, disait-il, l'une des parties est volée par l'autre.

Quelle différence entre ce langage clair et juste et ce que l'on avait entendu en 1858, lorsqu'un président de la cour d'assises de la Seine demanda à l'un des prévenus où étaient passés le 17 millions dont il ne pouvait justifier l'emploi. Le défenseur de l'un d'eux dit qu'ils avaient été donnés à de gros bonnets et servaient à engraisser de gros c......, des noms connus furent cités devant la cour d'assises.

---

17 MILLIONS

ACTIONNAIRES, COMMANDITAIRES, ASSURÉS OU PARTICIPANTS.

Avez-vous bien compris que des mandataires ont de leur chef disposé de 17 millions, et que cette somme énorme avait été employée à engraisser de gros cochons. Le célèbre avocat, à qui nous empruntons cette révélation et cette épithète, se garda bien de dire que ces 17 millions étaient l'avoir de la petite épargne, résultant du labeur et des privations que des honnêtes travailleurs s'étaient imposés pour s'assurer une poire pour la soif, et il ne s'est pas demandé si les fainéants qui s'étaient emparés de ces économies n'allaient pas provoquer des

(1) Ceux qui n'assistaient pas le 4 août et le 12 novembre 1881 à l'audience de la police correctionnelle d'Epernay (six jours après la promulgation de la nouvelle Loi du 29 juillet 1881, qui permet de faire la preuve), ne voudraient pas croire que le **Conservateur,** avec sa tontine, voulait être au-dessus de la Loi et continuer à faire condamner comme diffamateurs ceux qui n'approuvaient pas les renseignements qu'il donnait au préjudice des assurés qui l'ont payé pour soutenir leurs intérêts. Le tribunal jugea tout autrement, et la preuve révéla des manœuvres que la Loi et l'équité ne peuvent laisser impunies.

pleurs et des grincements de dents chez les gens qu'ils avaient réduits à la misère.

Dirus, urgens in rebus egestas

et parce que de hauts personnages s'étaient partagés ces 17 millions, le Ministère public oublia peut-être de répliquer vertement et de dire le nécessaire pour entraîner un châtiment mérité.

Serait-ce des actes d'une pareille équité qui avaient fait qualifier ceux qui étaient chargés d'appliquer la loi, dans l'ancienne Gaule, de Magistrature choisie, et ne serait-ce pas par ironie que l'on dit que tous les peuples l'envient. En cela, les peuples qui se croient moins bien partagés pourraient bien tomber de **Charybde en Scylla** et regretter leurs anciens magistrats, car un détournement de 17 millions méritait certainement une condamnation; il y eut acquittement. Ceux qui avaient disposé de la fortune d'autrui furent indemnes; un peu plus, on leur aurait voté des félicitations. Il est vrai que ceci se passait en 1858; c'est de l'histoire ancienne, je vais vous raconter du nouveau.

Mais avant, je demanderai aux savants et à ceux qui trouvent les mots, ainsi qu'à ceux qui font ou appliquent la loi, s'ils veulent dire une fois seulement, comment....., aidez-moi donc, je voudrais dire, qu'un chat est un chat et que les voleurs doivent être pincés.

JE DEMANDE DONC

AUX ACADÉMICIENS, AUX LÉGISLATEURS, AU GARDE DES SCEAUX

Quel nom faut-il donner à un mandataire qui est payé pour sauvegarder les intérêts des tiers, si ce mandataire aide à les tromper impunément; beaucoup diront sans doute : c'est ce qui se fait chaque jour; je déplore qu'en effet, cela se fasse trop souvent, est-ce pour cela que le crime en doive paraître moins abominable et que l'on ne punisse pas les misérables qui le commettent.

Enfin, puisque Messieurs les Académiciens, les Législateurs et les Garde-des-Sceaux auraient pu faire une réponse évasive à une demande faite de la sorte, pourraient-ils me dire si la Compagnie **le Conservateur,** payée pour sauvegarder les intérêts de ses assurés, opère légalement et doit rester impunie lorsqu'elle forfait à son mandat en fournissant des renseignements à la **Caisse des Prêts** dont il va être parlé à la 3e partie ?

Si oui, il n'y a plus de Société possible et le pays où cela se passe n'est plus qu'un lieu de brigandage qui aura bientôt pour base, au lieu de principe, le pugillat, comme les sociétés civilisées ont le droit et l'équité.

Si non, les voleurs doivent être punis et tous les biens des membres qui ont profité des vols doivent être séquestrés, vendus ou répartis entre les victimes.

DEUXIÈME PARTIE

Vincent de Paul a bien fait de ne pas naître de nos jours, car il serait bien distancé par la Compagnie qui affiche l'emblème ci-dessous.

Si sa devise est sincère et ne cache pas un piège financier, elle a droit à l'estime générale. Les faits précis relatés ci-après n'ont pas besoin d'être commentés, et les lecteurs, après les avoir appréciés, feront d'eux-mêmes la réponse.

ASSURANCES MUTUELLES SUR LA VIE

LE CONSERVATEUR

PARENTIBUS PROVIDIS DEUS PROPITIUS

COMPAGNIE ANONYME

AUTORISÉE PAR ORDONNANCE ROYALE DU 2 AOUT 1844

Fonds de garantie : UN MILLION

Sur les **Instructions-Prospectus** de cette institution qui se dit philanthropique il est écrit :

PLACEMENT DE FONDS EN RENTES SUR L'ÉTAT

« **Le Conservateur** est une Société anonyme d'assurances mutuelles sur la vie autorisée par ordonnance royale du 2 août 1844. (*Bulletin des Lois,* partie supplémentaire, n° 734.)

« Il a pour principe, disent les imprimés de cette Compagnie, la pensée qui a créé les caisses d'épargne ; il a, comme elles, l'Etat pour tuteur et pour caissier; il est assujetti à des conditions de surveillance et de garantie analogues; il fait le même emploi des sommes qui lui sont déposées; il offre, par conséquent, la même sécurité, etc., etc. »

Eh bien ! pour l'honneur et la dignité de la Caisse d'Epargne et des membres qui la surveillent, je crois qu'il ne faut pas employer trois officiers ministériels, à faire inutilement douze plaintes contre cette institution pour se faire rendre compte des sommes qui lui sont déposées. Pour **le Conservateur,** au contraire, plaintes, actes extra-judiciaires, sont impuissants, rien n'y fait : il ne vous rend pas de comptes et garde votre argent; est-ce assez clair?

Comment appelez-vous cet acte-là, MESSIEURS LES ACADÉMICIENS, MESSIEURS LES LÉGISLATEURS, MONSIEUR LE GARDE DES SCEAUX?

Pourtant, à voir les grimoires qu'il fait distribuer, on dirait qu'il est bien administré; lisez plutôt

L'extrait de l'Ordonnance du roi du 4 août 1844.

« Art. 4. — La Société est tenue de remettre tous les six mois au Ministère de l'Agriculture et du Commerce, au préfet du département de la Seine, au préfet de police, à la Chambre de commerce et au greffe du Tribunal de commerce de Paris, un extrait de son état de situation, ainsi que celle des différentes associations qu'elle est autorisée à former et à administrer.

« Elle devra, en outre, adresser tous les ans à notre Ministre de l'Agriculture et du Commerce, sur ses opérations, un rapport détaillé contenant tous les renseignements propres à faire apprécier la nature et les effets des associations formées par ses soins. »

Le Conservateur remplit-il ces prescriptions? Sert-il les intérêts des clients qui l'ont payé, ou veut-il s'emparer de leur avoir presque sans bourse délier ? Je suis autorisé à douter du premier cas et à croire au second par suite des réponses qui furent faites aux douze plaintes que j'adressai le 21 mai 1878 aux autorités à qui **le Conservateur** doit rendre des comptes, si toutefois les prescriptions ministérielles et le décret qui l'autorise ne sont pas un leurre. Je transcris ci-après et avec commentaires une de mes plaintes ; les onze autres étant les mêmes au fond ne diffèrent que par l'attribution et l'importance du corps auquel je l'adressai.

Des comptes rendus des Assemblées générales d'une *Société de prêts et d'avances aux assurés* sur laquelle je m'étendrai, confirment la mauvaise opinion que j'avais sur les membres du conseil de surveillance et administrateurs de la Compagnie d'assurances sur la vie dite **le Conservateur.**

UNE PLAINTE A M. LE GARDE DES SCEAUX

« De 1864 à 1870, je recherchais et soutenais les intérêts des souscripteurs à l'assurance sur la vie **le Conservateur** pour les départements de la Seine, de Seine-et-Oise, de l'Ain, de la Drôme, de l'Isère, de la Loire, du Nord, du Pas-de-Calais, de la Savoie, de la Haute-Savoie et du Rhône. Les électeurs de ces derniers départements ont eu confiance dans votre droiture et dans votre impartialité et vous ont chargé de les représenter au Parlement, ainsi que Monsieur le Préfet de police, à qui j'adresse une pareille plainte. *(Cette plainte avait été faite lorsque M. Leroyer était ministre de la justice et M. Andrieux préfet de police.)*

« Quand j'eus connaissance des irrégularités du **Conservateur,** ma surprise égala mon indignation. Je protestai énergiquement, mes copies de lettres en font foi, j'engageai les victimes à réclamer contre ces faits délictueux.

« Quand cette Compagnie vit que je ne voulais pas être complice de ces irrégularités, elle me révoqua. Pour terminer avec **le Conservateur**, j'avais fait faire des offres réelles de 11,162 45 par le ministère de maître Maucombe, avoué, qui employa pour ce fait Rozé, huissier. Comme **le Conservateur** craignait le retentissement d'un procès qui était sorti du rôle, et pour me réduire au silence (et confirmer l'adage qui donne tort à l'absent), par une plainte sans fondement puisqu'il la retira, il aida à me faire arrêter.

J'avais raconté à M. Maucombe l'impulsion que j'avais donnée au **Conservateur,** il me conseilla de lui intenter un procès qui était encore pendant en 1873, et me dit aussi : « Pourquoi ne formez-vous pas vous-même une Compagnie pour faire concurrence au **Conservateur,** à cet effet, je puis vous mettre en rapport avec M. Bullot, chevalier de la Légion d'honneur, ex-conseiller général de Seine-et-Marne, ex-administrateur des Messageries nationales et encore aujourd'hui administrateur de Chemins de fer. » La dénomination de tous ces titres me séduisit, j'acceptai. M. Bullot me promit de me trouver pour le lendemain un conseil d'administration de gens éclairés dans l'espèce. Le lendemain, il me présenta des hommes de noms très honorables. Lorsqu'ils surent que j'étais illettré, ils promirent de me guider dans la partie administrative, étant tous administrateurs de diverses Compagnies.

Les évènements de la guerre Franco-Allemande et de la Commune m'avaient fait abondonner ce projet, quand vers le mois de mai 1871 je rencontrais M. Bullot qui me demanda ce qu'était devenu le projet que je lui avais soumis et pour lequel il m'avait promis son concours et celui de ses amis. Je lui répondis : « Les évènements m'ont forcé de l'abandonner, j'ai résolu de chercher seul des adhérents assurés pour une Société avec des bases nouvelles, je prélèverai un tant 0/0 sur les encaissements. Lorsque j'aurai un nombre suffisant d'adhérents, je les convoquerai, ils choisiront eux-mêmes leur conseil d'administration et on formerait une Compagnie de co-intéressés. » M. Bullot me déconseilla d'entreprendre une pareille affaire. « Seul, me dit-il, vous ferez une petite affaire ; avec le concours d'hommes honorables comme ceux que je vous avais proposés, vous en ferez une très grande ; que peut vous faire de partager votre tant 0/0, si votre part est encore plus forte. » J'acceptais, M. Bullot me demanda une lettre qui retraçât en quelque sorte notre conversation, *cette lettre porte la date du 22 juillet 1871, elle explique que M. Bullot s'engageait avec ses amis à former un conseil d'administration qui fournirait les fonds nécessaires, pour le premier établissement et la mise en activité de chaque Société (nous devions en faire deux) plus 1 million d'actions souscrites.*

Les amis que M. Bullot présenta, étaient-ils titrés ou tarés? Jouissaient-ils de leurs droits civils ou avaient-ils des conseils de famille? à coup sûr c'étaient des paniers percés, plusieurs furent évincés, dès qu'il fut prouvé qu'ils se faisaient donner des pots-de-vin et qu'ils s'appropriaient l'argent qu'ils avaient quêté pour les pauvres. Enfin, après diverses épurations, le Conseil d'administration se constitua de la manière suivante :

L'EX-CONSEIL D'ADMINISTRATION

ET LA CAISSE NATIONALE

MM.

Bullot ✻, ex-conseiller général de Seine-et-Marne, ex-administrateur des Messageries nationales, administrateur de chemins de fer, *président*.

Comte Malard de la Varende, propriétaire, *vice-président*.

Vicomte Morice de Jacquelot du Boisrouvray, propriétaire, *secrétaire*.

P. Roques, O ✻, officier supérieur en retraite, propriétaire.

Comte Prevost de Sauzac de la Vauzelle, propriétaire.

Comte de Chevreuse, propriétaire.

Bretonneau de Modiée ✠, membre de plusieurs Académies, administrateur de plusieurs Sociétés philanthropiques.

MM.

Guesdom de Lesmont ✠, conseiller général de la Seine-Inférieure, ex-inspecteur des Messageries nationales, maire de Nollevalle, propriétaire.

H. Grandjean, architecte, entrepreneur, propriétaire.

P. Escrivan, négociant, propriétaire.

Ed. Ernaux ✻, ex-inspecteur de l'Université, ex-membre et secrétaire du Conseil supérieur de l'instruction publique, membre du bureau de bienfaisance de Paris.

D. Hardouin, président de Cour d'appel en retraite, doyen des membres de l'Assistance judiciaire et administrative de la Caisse d'épargne de la Seine.

Directeur : **THÉBAULT**, ex-cocher.

Pour un ex-cocher de fiacre illettré comme je le suis, je me crus en bonne compagnie jusqu'au moment où ces administrateurs ne réalisèrent pas les promesses qu'ils avaient faites et qui sont contenues dans la lettre formant la base de nos conventions (*laquelle est au dossier.*) Je dus leur dire et leur faire comprendre que leur manque de parole portait un préjudice à la Compagnie et à tous les assurés en général et à moi en particulier. Ils reconnurent le bien fondé de mes réclamations et pour m'indemniser ils me votèrent 1000 francs d'appointements par mois et ce avec effet rétroactif depuis le commencement de la formation, sans préjudice de l'aléa du tant pour cent.

Ils commandèrent et firent exécuter pour plus de 16,000 francs de travaux, ils ne pouvaient donc invoquer qu'ils croyaient être quittes de tous déboursés avec 10,000 francs. Cette lettre explique que j'avais dépensé plus de 6,000 francs pour une Société, et plus de 2,000 pour l'autre ;

je ne demandais pas le remboursement immédiat de ces sommes qui étaient, comme celles que ces Messieurs fourniraient, à la charge de la Compagnie, je les rappelais seulement pour mémoire.

Comme ils ne pouvaient pas fournir les fonds nécessaires, ils m'avaient donné l'ordre d'employer l'argent des assurés aux lieu et place de celui qu'ils devaient fournir. Trois procès-verbaux transcrits au livre des délibérations en font foi, dont un du 10 déc. 1871, et qui est reproduit aux pages 36 et 37, cette pièce aurait été un modèle d'habileté si ces administrateurs ne l'avaient couronnée par les monstruosités d'une plainte collective, chef-d'œuvre d'immoralité, puisque ces messieurs osèrent m'accuser d'avoir exécuté leurs ordres formels en employant l'argent des tiers en place de celui qu'ils devaient verser. C'est que, dans l'intervalle, ils avaient apprécié la gravité de ce qu'ils avaient fait, et puisqu'il fallait une victime, je fus désigné comme le bouc émissaire. Six firent une plainte collective; **le Conservateur** en fit une deuxième; ils en firent faire une troisième par un courtier qui ne pouvait me rembourser ce qu'il me devait, et ces trois plaintes abusives me firent arrêter.

A une séance d'avril 1872, j'avais démontré l'utilité de faire partie des inspecteurs, je demandais pour cette dépense 3,000 francs par mois, ce qui fut voté à l'unanimité. Fin mai je convoquais le Conseil pour demander les 3,000 francs promis, tous les membres consultèrent leur bourse présente et future, et me répondirent qu'ils ne pouvaient fournir pour fin mai que 1,500 francs. Le comte de La Varende ajouta qu'il pourrait faire cette somme si chaque membre voulait en garantir sa part, un sous-seing privé fut fait séance tenante par M. Boisrouvray et les neuf membres signèrent et s'engagèrent à garantir 167 fr. L'excédent était abandonné comme agio. Le jour fixé, le comte de La Varende ne put fournir les 1,500 francs. Il emprunta 500 francs à sa bonne. M. Boisrouvray prêta 1,000 francs, argent qui appartenait à sa tante de laquelle il était comptable.

Si ces Messieurs, comme ils ont voulu le dire, et qu'un des membres du Conseil. Guesdom de Lesmont en a témoigné au tribunal, croyaient que les fonds étaient en caisse, ils auraient dit : autant emprunter à la caisse qu'à la bonne du comte de La Varende et à Boisrouvray qui prêta ce qui ne lui appartenait pas.

Comme on le voit, j'étais autorisé à prélever 1,000 francs par mois comme appointements, plus j'avais droit à la moitié de l'aléa, plus 8,000 et quelques cents fr. que j'avais déboursés pour les deux Sociétés et pendant plus d'une année je n'ai prélevé que 3,852 francs, juste ce qui m'était nécessaire pour vivre moi et ma famille. Les Sociétés me redevaient donc plus de 30,000 fr., et cependant ces Messieurs osèrent m'accuser, et furent assez heureux de trouver un juge d'instruction pour confirmer leurs dires et les faire sortir indemnes d'une pareille impasse. Pourtant dans les pièces qui sont au dossier, il existe la preuve de tout ce que j'annonce.

Pour mieux assurer le succès de leur infamie, ils obtinrent que l'instruction fût confiée à M. **Lacaille,** lié ou allié à M. Bretonneau de Modiée, l'un des administrateurs signataires de la plainte abusive. Un magistrat digne de ce nom eût renoncé à instrumenter dans une affaire où il pouvait être l'objet de suspicion légitime; mais M. **Lacaille** passa outre.

En admettant que M. **Lacaille** n'ait pas lu les pièces qui sont au dossier ou qu'il n'ait pas eu l'intelligence de les comprendre, il ne peut pas nier ni ignorer les dépositions des administrateurs qu'il fit appeler. **La copie** de ces cotes que je possède est curieuse par les dénégations contenues dans le premier interrogatoire et à mettre en regard des aveux que renferme le second. Je soutiens qu'une pareille contradiction est la copie des lettres qui avaient été écrites et envoyées pendant une des dernières séances du Conseil à Guesdon du Lesmont, pour le prier de fixer un rendez-vous soit à Rouen, soit à Noellevalle où se rendraient trois délégués pour lui soumettre la décision du Conseil et le prier d'aider à l'emprunt qui venait d'y être voté. Il répondit par un télégramme *(qui est au dossier)* qu'il serait le mercredi à Paris, à 10 heures. Le Conseil fut convoqué le même jour, les copies de lettres en font foi. Dans n'importe quelle autre circonstance ces contradictions auraient été relevées, et un ministère public impartial n'aurait pas tenu compte du témoignage que cet administrateur, aussi compromis que ses amis, osa faire à la barre du tribunal, si ce n'avait pas été comme l'a dit l'avocat général devant la cour d'appel, pour pouvoir prononcer une condamnation imméritée pour faire peur aux hauts filous.

M. Bretonneau de Modiée ne s'était donc pas trop avancé, lorsque se produisit l'incident suivant :

Avant la formation du Conseil, ma fermeté avait obligé le président et le secrétaire à déposer une plainte en escroquerie contre le vicomte de M... et l'ex-juge d'instruction C..., accusés l'un et l'autre, pendant qu'ils faisaient partie du Conseil d'administration, d'avoir extorqué une partie de la fortune d'autrui.

Cette affaire fut confiée à M. Mulle. Devant ce juge d'instruction, le vicomte et l'ex-juge d'instruction C... s'entendirent avec les plaignants et les lésés, on étouffa le scandale : il s'agissait d'un noble et d'un ex-robin !!!!

Dans la première réunion du Conseil, en rendant compte de ce qui s'était passé, j'expliquai la démarche que j'avais fait faire, *Bretonneau de Modiée* dit : « Il est fâcheux que vous n'ayez pas eu affaire à M. **Lacaille** c'est un juge d'instruction avec lequel je suis bien, et j'aurais pu vous recommander. »

Quand je comparus devant l'ami de M. Bretonneau de Modiée et que j'eus constaté le parti qu'il avait pris, je lui expliquai ce qui s'était passé et que je viens de rappeler. M. **Lacaille** parut contrarié, réfléchit longtemps et dit : « Cela ne fait rien, je garde l'instruction de votre affaire, elle m'intéresse ». Ne fut-il pas de ce fait juge et partie. Le résultat, on le devine : je fus poursuivi, condamné, et M. *Bretonneau de Modiée* ne figura pas même sur le banc des accusés à côté de ses collègues. Et cependant, dès le premier interrogatoire, M. **Lacaille** fut convaincu que ses amis l'avaient trompé et que trois mandats d'amener avaient été accordés trop légèrement contre un directeur, qui n'avait pas craint de convoquer les assurés de la Société en assemblée générale, pour leur faire apprécier la conduite des administrateurs, qui s'obstinaient à donner et à faire exécuter des ordres contraires à la loi et aux intérêts généraux.

Reconnaître loyalement qu'il s'était trompé, ou qu'on l'avait trompé, aurait été le fait d'un homme supérieur, et pour un tel homme la question eût été simple et vite tranchée par une ordonnance de non-lieu : c'était l'occasion d'utiliser son pouvoir discrétionnaire.

Mais les hommes supérieurs sont rares, et ceux qui croient l'être lorsqu'ils s'aperçoivent qu'ils ont commis un déni de justice, préfèrent souvent s'obstiner dans l'erreur et aggraver la situation par de nouvelles fautes dont l'accumulation devient une véritable monstruosité.

Intercepter mes lettres, permettre à mes adversaires de venir me narguer jusque dans la prison ; ce fut là un des moindres abus autorisés par M. **Lacaille**.

Les administrateurs, qui voulaient s'emparer de l'avoir de la Société, redoutant l'assemblée générale, vinrent avec un permis de M. **Lacaille**, juge d'instruction, dans la prison de Mazas où j'étais en prévention, me demander un quitus ou un acte d'abandon en échange de mon lever d'écrou.

Comme à cette époque je pensais que tous les magistrats étaient des Montesquieu et sachant ne rien avoir à me reprocher, je refusai et j'adressai à M. **Lacaille**, juge d'instruction, la lettre de convocation ci-après, qui m'avait été adressée à la prison de Mazas :

LA CAISSE NATIONALE
Comp. d'assurances
CONTRE L'INCENDIE
l'explosion des Appareils
à vapeur des Fabriques
et Usines

Caisse spéciale pour les risques dangereux
Explosions des magasins
d'amorces et poudrières
des fulminates et des
Fabriques de produits
chimiques ou d'artifices
Les Dépôts et Magasins
de pétrole
Les dégâts occasionnés
par la guerre
ou les
forces militaires
aussi les
émeutes populaires
etc., etc.

ADMINISTRATION GÉNÉRALE
A PARIS
Rue de Richelieu, 106

Paris, le 20 novembre 1872.

Messieurs,

« Nommé liquidateur judiciaire, j'estime qu'il y a un intérêt considérable à ne pas suspendre les opérations de la Société *la Caisse Nationale*, car le système nouveau qu'elle inaugure est appelé à dépasser toutes les prévisions ; pour parvenir à ce but, je convoque tous les ayant-droit à se réunir en Assemblée générale, le dimanche 15 décembre 1872, au siège social, 106, rue de Richelieu. L'ordre du jour : Modification des statuts élaborés par M. Thébault ; révocation du directeur, nomination de son successeur, etc., etc.

« L'immense intérêt que cette Société comporte fait que je ne saurais trop vous engager à assister personnellement à cette assemblée. Si toutefois vos occupations ne vous permettaient pas de vous y rendre, je vous envoie un modèle de procuration que vous n'aurez qu'à signer et m'adresser. Je vous ferai représenter par un des membres du Conseil d'administration.

« Agréez, M   , l'assurance de ma parfaite considération.

L'Administrateur judiciaire,
Signé : C. BROSSARD.

Et lorsque tout conspire à me justifier,
Sa jalouse fureur veut me sacrifier.
CRÉBILLON.

Cette lettre prouve surabondamment que les administrateurs voulaient s'emparer de l'avoir de la Société et des avantages qui m'étaient réservés pour mes dépenses, peines et soins.

Devant des preuves aussi irréfutables et à la suite de l'Assemblée générale, qui eut lieu, malgré la défense des conseils et des personnes qui prévoyaient les suites. De cet entêtement, M. **Lacaille** n'était pas content, pourtant il ne dit pas comme la fable :

Je vous connais de longtemps, mes amis.
Et tous deux vous paierez l'amende ;
Car toi, loup, tu te plains quoiqu'on ne t'ait rien pris ;
Et toi, renard, *tu ne peux donner ce que tu as promis.*

C'était le cas, car il n'y avait pas une seule plainte, pas une seule réclamation, seuls, les amis de M. **Lacaille** n'avaient pas rempli les engagements qu'ils avaient contractés et lorsqu'ils virent que j'avais convoqué l'assemblée générale pour faire rectifier les ordres qu'ils m'avaient donnés, six portèrent une plainte erronée.

On avouera que ces Messieurs employèrent une singulière méthode pour faire face à leurs engagements.

Les monstruosités que contient le DOSSIER DE LA MAGISTRATURE démontrent que souvent les juges s'inquiètent peu de la légalité de l'injustice. M. **Lacaille,** juge d'instruction, y mit plus d'amour-propre.

J'avais fait la faute de lui dire que si les administrateurs, ses amis, avaient compromis mon œuvre par leur cupidité et leur appétit vorace, je formerais une autre Société avec des gens honnêtes, ce qui démontrera que mon idée était bonne et fructueuse.

De ce jour et d'aujourd'hui mes protestations se résument par ce

DILEMME

Si j'ai menti, punissez-moi ;
Si j'ai dit vrai, punissez l'autre ;
Car aujourd'hui M. Lacaille ne pourra plus faire de rapport ironique,
Ni dire que mon idée était chimérique.
Car les plus fortes compagnies financières
Sur ces mêmes idées font des opérations
Qui rapportent annuellement plusieurs millions.
Cette loyauté fera que ni les Cratès ni les Diogènes modernes
N'auront plus besoin de lanternes
Pour chercher
Cette magistrature choisie
Que, dit-on, tous les peuples envient,
Et personne ne regardera plus la vénérée balance,
Comme une simple balançoire.

Mon énergie et les longues semaines de prévention que M. **Lacaille** me faisait subir lui suggéra, ou lui donna l'idée de me faire **assassiner moralement**, afin que ma loyauté n'écrasât pas ses amis. Cette découverte fut-elle de M. **Lacaille**, j'en doute. Je la trouve au nombre des protestations que l'ex-magistrat Desmaretz avait adressées au *Petit Journal* et que celui-ci inséra dans son Premier-Paris du 17 août 1876, lequel fut tiré à plus de 600,000 exemplaires, ce qui fit que plusieurs millions de lecteurs purent lire et méditer sur la décision de la Justice qui ne s'est pas contentée de faire traîner de prison en prison et croupir dans les cachots, en plein XIXe siècle, un honnête homme qui, s'appuyant sur la Loi, protestait contre les abus et n'exécutait les ordres illégaux que contraint et forcé.

« L'escroquerie, disait M. Desmaretz, bien qu'étant difficile à préciser et à définir, est appliquée aux actes les plus communs et même les plus innocents de la vie ; pourtant l'homme qui est frappé d'une telle condamnation ne peut plus être électeur, éligible, tuteur, juré, ni aspirer à aucune fonction, pas même être témoin. Et si cette condamnation est injuste, chose assez fréquente devant les tribunaux correctionnels qui voient toujours un coupable dans un prévenu et l'obligent lors même qu'il est écroué, par conséquent privé de ses moyens d'actions, à prouver qu'il est innocent, lorsqu'en bonne justice c'est à l'accusation à prouver le contraire, quel nom donneriez-vous à un tel fait, si ce n'est un assassinat moral ? »

C'est un magistrat qui emploie de telles expressions (textuellement copiées).

Pour la frime et comme me l'avait dit M. **Lacaille**, l'instruction fit figurer sept administrateurs *(au nombre desquels deux avaient depuis longtemps donné leur démission)* sur le banc des prévenus; mais ce n'était pas les plus coupables et c'était à coup sûr les moins influents, car leurs sages conseils n'avaient pu vaincre le mauvais vouloir de leurs collègues.

Ces dignes personnages croyaient pouvoir impunément s'emparer de l'avoir de la Société pendant qu'ils avaient un ami haut placé qui leur avait promis de les protéger dans cette délicate opération. Mais soit pour obéir à des visées secrètes, soit par le manque de perspicacité ou par la complaisance blâmable d'un juge d'instruction trop accessible, soit pour des causes encore inconnues, la 9e chambre correctionnelle, présidée par M. *Joly*, substitut M. Raynal, ne craignit pas de rendre le jugement dont la teneur suit :

Curieux Jugement de la 9e Chambre correctionnelle

du 23 Juillet 1873

QUI POUR ACQUITTER DES COUPABLES FLÉTRIT UN HONNÊTE HOMME

« Attendu qu'il résulte de l'instruction et des débats la preuve que depuis trois ans, à Paris, Thébault, en qualité de directeur général de la Compagnie mutuelle à prime fixe **la Caisse nationale**, a perçu, sous le nom de prime, diverses sommes d'argent montant ensemble à 14,200 fr. 68 cent., sur lesquelles il n'avait droit, aux termes des statuts, qu'à des prélèvements de 12 0/0 au maximum.

« Qu'au mépris de cette restriction statutaire, il a détourné au préjudice de ses propriétaires les portions desdites sommes effectuées à la garantie de l'engagement de la Compagnie vis-à-vis des tiers, laquelle lui a été confiée à titre de dépôt ou de mandat pour en faire l'usage et l'emploi déterminé : la rendre ou la représenter.

« Attendu que si les nommés Bullot et consorts ont commis la grave imprudence d'autoriser, dans la séance du 10 décembre 1871, en qualité de membres du Conseil d'administration de **la Caisse nationale**, les détournements effectués par Thébault, il n'en résulte pas des circonstances de la chose, qu'ils aient agi avec connaissance et l'intention nécessaires pour constituer la complicité par aide et assistance, réprimée par les articles 59 et 60 du Code pénal.

« Attendu, dès lors, que la prévention à leur égard n'est pas suffisamment établie, les renvoie purement et simplement de la poursuite sans dépens.

« Et faisant à Thébault l'application de l'article 408 du Code pénal, le condamne à deux ans d'emprisonnement, 1,000 francs d'amende et l'interdit pendant cinq ans des droits mentionnés à l'article 42 du présent Code pénal. »

Quand l'œuvre fut couronnée d'une manière si admirable, les journaux spéciaux qui ont suivi cette infamie s'exprimèrent ainsi :

« Les membres du Conseil d'administration en ont été quittes pour une verte semonce; est-ce assez ?

« Si le directeur trompait le public, ce qui a paru incontestable au tribunal, il nous semble non moins évident que les membres du Conseil d'administration sanctionnaient cette tromperie en approuvant l'encaissement et en donnant l'ordre de l'emploi des primes. Une plus grande rigueur à l'égard de ces messieurs ne nous aurait pas paru hors de saison, surtout lorsque l'on connaît la délibération de ce Conseil d'administration du 10 décembre 1871, ainsi conçue :

« L'an mil huit cent soixante et onze, le dix décembre, les membres du Conseil d'administration de la Compagnie **la Caisse Nationale,** dûment convoqués par ordre du président, se sont réunis au siège social.

« Etaient présents :

« Bullot, chevalier de la Légion d'honneur, ex-conseiller général de Seine-et-Marne, ex-administrateur des Messageries nationales, administrateur de chemins de fer, *président;*

« Comte Malard de la Varende, propriétaire, *vice-président;*

« Vicomte Maurice de Jacquelot du Boisrouvray, propriétaire, *secrétaire;*

« Escrivan, négociant, propriétaire;

« Lenormand, ex-contrôleur de contributions indirectes;

« Bochet, décoré de la Légion d'honneur et de la médaille de sauvetage;

« Comte Sansac de Lavauselle, propriétaire.

« M. le président, prenant la parole, a expliqué à ses collègues l'opportunité de remplir les engagements qu'il avait pris avec le directeur et qui consistaient à fournir les fonds nécessaires au premier établissement et à la mise en activité et au fonds de garantie de 1 million pour chaque Société (deux avaient été décidés), condition *sine quâ non* du partage par moitié dans l'aléa accordé au directeur par l'article 71 des statuts.

« Je crois, dit-il, que le moment serait mal choisi pour faire une émission publique, les capitaux se porteront de préférence à l'emprunt d'Etat que la France va émettre, pour payer sa rançon de cinq milliards. Il ajouta : J'ai conseillé au directeur de prélever sur les fonds des sociétaires, ce à quoi il m'a répondu que, sur une plainte anonyme de concurrents jaloux, le commissaire de police l'avait fait appeler pour lui demander ce qu'il faisait des fonds des intéressés; il avait répondu qu'ils étaient en caisse et avait offert de les présenter à toutes réquisitions; après une pareille réponse, il ne voulait, sous aucun prétexte, y toucher.

« Mais attendu que, d'après la loi et les statuts, c'est le conseil d'administration qui est maître absolu et souverainement responsable.

« Je propose donc, dit-il, un vote qui autorise et même donne l'ordre au directeur d'employer pour les besoins du service et la mise en activité, les fonds des intéressés; nous saurons bien les remettre en caisse;

l'enquête, qui avait été commencée par le commissaire de police, est finie, et selon toute probabilité, ne recommencera pas. »

Le vote, proposé par le président et mis aux voix, fut adopté à l'unanimité ; ce vote fut renouvelé trois fois, une fois en 1871 et deux fois en 1872. Qui est le coupable, du conseil d'administration ou du directeur ?

Ces procès-verbaux n'étaient pas les seules pièces irréfutables en ma faveur. M. **Lacaille,** juge d'instruction, dut sans doute examiner ces pièces, ce n'était pas seulement son droit, c'était son devoir, puisque je les invoquais comme défenses ; elles doivent être au dossier, je ne suppose pas qu'on les ait détruites pour qu'elles ne puissent pas compromettre des individus aussi peu intéressants. Cependant, je n'en voudrais pas jurer, on a vu plus fort que cela.

Les administrateurs acquittés par la 9e chambre, étaient pour la plupart de ces hommes blasonnés, constellés de décorations de toutes sortes, qui louent à haut prix leurs noms, leurs titres et leur incapacité.

Mais n'est-il pas regrettable que l'instruction confiée à M. **Lacaille** qui fut si sévère pour le directeur, les ait trouvés impeccables, car M. Lacaille eut bien soin de me faire connaître la teneur du rapport qu'il adressait à la chambre des mises en accusation : Vos réponses énergiques, dit-il, compromettent vos administrateurs ; ils passeront comme vous en police correctionnelle, ils seront acquittés et vous êtes seul à faire de la prévention, et vous serez le seul condamné.

En effet, le jour de l'audience, M. Lacaille était derrière le président pour prouver à ses amis qu'il ne les avait pas oubliés, et ainsi soutenir leur courage et sans doute au besoin guider ou dicter leurs réponses, et n'est-on pas en droit de s'étonner que ce juge, que l'on croyait alors intelligent, ignorât que certains des administrateurs, ses amis, faisaient des trafics de décorations, soit de chevalier et même d'officier de la Légion d'honneur, et qu'ils avaient eu soin d'orner leur boutonnière d'insignes qui ne doivent briller que sur la poitrine de gens intègres ; ce fut peut-être cette complaisance ou le manque de perspicacité qui fit vite revenir sur une appréciation hasardée.

D'après ce qui précède, pouvais-je me trouver bien jugé ?..... Non ! n'est-ce pas, aussi, j'en appelai.

AVOCATS

Depuis longtemps, j'avais chargé un avocat de soutenir mes intérêts contre **le Conservateur**. A ce sujet, je lui avais remis un volumineux dossier de pièces importantes. Cet avocat m'avait promis de me défendre en police correctionnelle ; peu après je crus m'apercevoir que son ardeur diminuait, je lui écrivis pour le prier de venir conférer avec moi à la prison de Mazas.

A ma lettre pressante, il répondit celle-ci après :

13 décembre 1872.

« Monsieur,

« Mes occupations m'empêchent absolument d'aller vous voir pour le moment ; d'ailleurs, c'est votre avoué, M. Maucombe, qui peut seul vous représenter pour l'assignation dont vous me parlez. Vous devriez la lui envoyer immédiatement.

« Recevez, je vous prie, mes civilités.

« Signé : 7... (1). »

Plus tard, ayant réitéré ma prière, je reçus la lettre ci-après :

« Monsieur,

« Je quitte Paris pendant quelques jours pour aller plaider à Reims, de sorte qu'il m'est impossible en ce moment d'aller vous voir.

« Recevez mes salutations.

« Signé : 7...

23 décembre 1872.

Il est clair que cet avocat aurait voulu ne pas me défendre. A qui confier les pièces qu'il avait entre les mains et comment les ravoir ?

J'étais écroué depuis le 26 octobre, par conséquent privé de tous les moyens d'action, depuis près de quatre-vingt-dix jours ; aussi cet avocat se garda bien de me dire les surprises qui m'attendaient à l'audience ; mais, la veille, *il n'oublia pas de me recommander un silence absolu* et surtout de ne pas charger les administrateurs, mes adversaires, prétendant que, s'ils étaient acquittés, je ne pouvais être condamné, et il posa la question *d'un silence absolu* comme condition *sine quâ non* de sa défense.

Défense ! doit-on donner le nom de défense à un parti pris qui brilla

---

(1) L'imperfection de la loi du 29 juillet 1881 ne permet pas de dire le nom de cet avocat, car les faits que je vais révéler ne se sont point passés en public. Je représenterai sa signature par un 7 ; quand je vais avoir l'occasion de raconter les faits et gestes d'un autre avocat, je dirai son nom, car celui-là m'a insulté sans motifs devant le tribunal d'Epernay. Je n'agirai donc qu'en légitime défense et j'ai tous les éléments pour en faire la preuve.

par le silence que cet avocat eut soin de garder? ou est-ce un nouveau mode qu'il voulait innover, ou ne voulait-il pas assurer la condamnation de son client??? C'est autant de questions que lui seul pourrait résoudre. Il paraît que les avocats peuvent employer le système qu'ils jugent convenable : en cela ils ne relèvent que de la corporation et de leur conscience (1). Si un client s'adresse à un avocat qui a une conscience élastique, en admettant qu'ils s'en trouvent, tant pis pour ce pauvre client.

Roger a dit :

> Malheur à l'avocat, de qui l'âme vulgaire,
> Ne sent pas tout le prix d'un si beau ministère.
>
> ROGER.

Est-ce le cas?

Je ne saurais me prononcer.

Sans trop d'efforts, cet avocat aurait pourtant bien pu affirmer que dans le dossier que je lui avais confié, il y avait la preuve que j'avais naguère refusé des sommes énormes, afin de pouvoir vertement protester contre les agissements du **Conservateur** et que dans la Société la **Caisse nationale,** j'avais dépensé de mes propres deniers des sommes importantes, et que je n'avais pas même prélevé le quart des appointements que les administrateurs m'avaient voté. L'un des membres du conseil d'administration de la **Caisse nationale,** M. Ardoin, ex-président de cour d'appel, avait, devant cet avocat, vertement exprimé son mécontentement et dit à ses collègues : « Vous commandez l'emploi des fonds de la Société et promettez de les rendre le cas échéant; en vérité, Messieurs, vous parlez comme des hommes qui savent où prendre l'argent. Je ne saurais vous suivre dans cette voie, etc., etc. »

Un proverbe dit : « Si la gaieté vient du ventre, c'est le gousset qui donne l'audace. » Pour peu que l'on ait étudié le genre humain, il est facile de se rendre compte si celui qui vous aborde a bien dîné ou s'il a le porte-monnaie bien garni.

Quelques jours après le jugement, dont la teneur est ci-dessus, je

---

(1) On dit que les règlements de cette corporation ne sont pas plus une garantie pour l'avocat que pour les plaideurs, car je lis dans *le Petit Parisien* du 4 décembre 1882 : « Une pétition se signe parmi les étudiants en droit pour demander la suppression du barreau. Les pétitionnaires fondent leurs réclamations sur la base même du droit et les principes de 1789, les privilèges de la corporation des avocats ne reposent sur rien, ils doivent disparaître.

« L'art. 2 du décret du 2 septembre 1790, rendu par l'assemblée constitutionnelle, est ainsi conçu : « Les hommes de Loi ci-devant appelés *avocats*, ne devront former ni ordre, ni « corporation, n'auront aucun costume particulier, etc., etc.

« En supprimant cette corporation vicieuse et archaïque du barreau, on rendra service à la fois aux avocats et aux justiciables. »

Car on peut lire dans le journal *le Droit*, du 13 octobre 1872, l'interrogatoire que fit subir M. Millet à un ex-avocat :

« D. Votre nom ?

« R. Cingrent, baron de Crevecœur.

« Votre père était chevalier de Saint-Louis et de la Légion d'honneur; vous avez été ins- « crit au barreau de Paris sous le bâtonnat de M. Dufaure, vous avez été rayé du tableau?

« R. Je plaidais à cette époque un procès grave; on en publia les débats; il me fallait « alors ou perdre ce procès ou subir la décision qui m'a frappé. »

Il reste établi par le silence que l'on a gardé sur cette affirmation que si cet avocat avait consenti à faire perdre son client, il serait peut-être encore inscrit au tableau.

priai ce défenseur de me rendre une visite dans la prison de Mazas, au sujet de l'appel que je voulais former contre ce jugement. Cet avocat était tout transfiguré : **habit, chapeau, bottines, tout l'habillement était flamblant, neuf,** on aurait juré qu'il avait fait un héritage important ; quelle différence dans les manières de cet homme.

Le 15 octobre 1872, j'étais dans le cabinet de cet avocat à lui expliquer les arguments qu'il fallait puiser dans le volumineux dossier que nous examinions ensemble, *les débats ne pouvaient tarder, le président avait déclaré qu'il ne voulait plus accorder de remise au* **Conservateur**, lorsque le domestique vint dire à son maître que le concierge présentait la quittance de loyer. Cet avocat, un peu déconcerté, donna l'ordre de faire entrer le concierge au salon, et très humblement il me demanda si je pouvais lui prêter mille francs, il ajouta : « La guerre et la Commune ont retardé les affaires. »

En m'abordant à Mazas, il me dit, en se frottant les mains : « **Hein ! si j'avais voulu comme j'aurais fait condamner les administrateurs, vos adversaires ! ! !**

Comme je voulais appeler de ce jugement, malgré tout ce que me disait cet honorable avocat, car il fit beaucoup plus d'efforts pour me persuader que je ne devais pas interjeter appel, qu'il n'en avait fait pour démontrer aux juges mon innocence, il alla jusqu'à affirmer qu'il craignait que la cour ne m'appliquât une condamnation plus sévère, ce qui était naturellement impossible, puisque le prononcé du jugement comportait tout le maximum de l'article du Code pénal qui m'avait été signifié ; en invoquant un autre article, il aurait fallu me traduire en cour d'assises, et le jury aurait probablement eu une opinion contraire aux juges correctionnels.

Comme tous les raisonnements ne purent me convaincre et que je voulais quand même appeler de ce jugement, cet avocat me dit : « Je ne pourrai vous défendre en cour d'appel, celui qui prendra la parole pour vous aura besoin de pièces qui sont dans votre dossier ; veuillez me faire un reçu, sans cela je ne pourrai rien lui communiquer. » Je fis le reçu, tout en ne recevant rien.

De ce dossier important qu'en fut-il fait ?

Quand je sortis de prison, l'honorable avocat de la cour d'appel me remit les quelques pièces qui avaient trait à la cause correctionnelle qu'il avait défendue, mais de celles qui formaient le dossier du **Convateur**, je n'en retrouvais aucune. Qu'étaient-elles devenues ? Mystère. **Le Conservateur** avait-il pu s'en emparer ! Ces hommes qui composent cette administration ont tous les toupets ; ils poussèrent bien l'audace jusqu'à écrire au ministère que j'avais mal agi, lorsque je ne voulais pas être complice des vols qu'ils voulaient commettre.

Sans dire comme vous des injures aux gens,
Molière a corrigé les vices de son temps.

FLUBE.

C'est lui qui des talents, censeur impitoyable.
Dans ce fameux procès, est l'*avocat* du diable.

(Satiriques)

L'avocat des administrateurs se livra à des injures exclusives du savoir-vivre dans le cours de sa longue et interminable plaidoirie, il débita les plus audacieuses inventions et les fables les plus invraisemblables. Il raconta des choses qui travestissaient sciemment la vérité, tous ces verbiages, bagage malheureusement trop ordinaire des avocats de causes véreuses, qui, ailleurs que dans l'enceinte du palais, soulèveraient l'indignation et la réprobation générales.

Le silence et le mépris que je lui octroyai, ne firent point tomber sa satire, l'impertinence et l'emportement furent écoutés par des juges inamovibles ; qu'avaient-ils à craindre ? Rien des hommes, et la cuisterie dit, qu'en droit, les juges peuvent avoir une opinion probable et quitter une opinion probable pour une opinion plus probable, même e prononcer contre leur propre sentiment.

Ne contra proprium omnium.

En cela le principe de ces messieurs n'est pas d'accord avec la sagesse des nations, qui dit avec raison : « *Dans le doute, abstiens-toi.* »

Le 26 février 1873, la cour d'appel était présidée par M. Raoul de Fleury ; substitut, M. Onfroy de Bréville.

M. le conseiller rapporteur demanda à taire le nom des personnages qui avaient fait des emprunts au nom de la Société. Pourquoi taire leurs noms, s'ils étaient compromis par leur cupidité ?

Dans cette audience, l'organe du ministère public, dit entre autre chose : « Nous savons bien que *les vrais coupables* ne sont pas là. Néanmoins *nous demandons à la cour une condamnation exemplaire ;* car, depuis quelque temps, une quantité de Sociétés se forment avec des hommes dont le nom et les positions qu'ils ont occupées devraient être une sauvegarde pour les capitaux ; au contraire, tous ces titres ne servent que d'appât pour extorquer la fortune d'autrui : chaque jour le parquet reçoit des plaintes contre les agissements d'anciens ministres, d'anciens pairs de France, d'anciens députés, d'anciens sénateurs et des personnes qui ont été plus haut placées : *pour arrêter un tel dévergondage, un sacrifice est nécessaire,* etc., etc. »

Que dire de la conduite du ministère public qui a requis en ces termes ?

Pour obtenir une condamnation, rien ne lui a coûté ; il a usé et abusé d'insinuations futiles, qui n'auraient même pas dû être produites dans l'enceinte de la justice.

C'est un triste spectacle que, malheureusement, la magistrature a donné trop souvent.

Qui croirait qu'une réplique et une demande si injuste firent confirmer le jugement dont la teneur est ci-dessus ?

Si les promotions n'étaient pas autrefois la suite et la conséquence de tout ce qui a été mené selon des visées secrètes, on pourrait s'étonner d'avoir entendu l'organe de la vindicte publique demander une condamnation imméritée pour arrêter l'élan de hauts filous.

Lorsque le ministère public eut terminé en demandant la confirmation du jugement de première instance, le président Raoul de Fleury me demanda si je n'avais rien à ajouter à ma défense. Je priai la cour, au cas où elle ne se serait pas entièrement édifiée sur ma droiture et sur mon honnêteté, de se faire apporter le livre des délibérations du conseil d'administration de la **Caisse nationale.** Je prouverai, disais-je, pièces à l'appui, que je n'avais exécuté les ordres que contraint et forcé et toujours après avoir protesté énergiquement contre les illégalités. J'ajoutais que je ne comprenais pas que la 9e chambre ait acquitté ceux qui avaient donné les ordres pour l'emploi des primes et qu'elle ait condamné celui qui n'avait fait qu'obéir aux injonctions qu'il avait reçues de ceux que la loi investit du droit de commandement.

M. le président Raoul de Fleury répondit : « La Cour ne peut faire droit à votre demande, mais votre avocat peut prendre connaissance des pièces que vous désirez. » Et, sans attendre ni renvoyer à huitaine, la Cour confirma la décision des premiers juges. N'est-ce pas que c'est joli ! Et le droit que le président reconnaissait à l'avocat était un droit purement platonique.

Je me pourvus en cassation, les débats avaient démontré que j'avais tout sacrifié pour mener mon œuvre à bonne fin ; j'avais employé pour les besoins de la Société presque tous les appointements que le conseil d'administration m'avait votés. Hélas ! j'avais compté sans la forme et sans la procédure ! !

Les intrigants, qui avaient ourdi cette infamie, ne négligèrent rien pour me réduire au silence ; ils savaient que l'assistance judiciaire ne s'accorde pas à ceux qui paient plus de vingt francs de contributions : je n'étais pas inscrit au rôle et je ne pouvais pas y figurer, j'habitais chez un tiers. Pendant que j'étais en prévention, un émissaire fut envoyé près du percepteur. Une quittance de 20 francs 35 fut réclamée à la personne chez laquelle j'habitais. On insista pour qu'elle fût payée en mon nom, ce qui fut malheureusement fait, cette somme étant suffisante pour faire rejeter la demande d'assistance judiciaire au cas où elle aurait été faite.

On va voir le parti que les coquins que je démasque tirèrent de cette manœuvre.

Faute par moi de verser la somme de 180 francs, le pourvoi en cassation fut rejeté le 19 avril 1873, sans examen. On savait pourtant que j'étais arrêté depuis le 26 octobre, et par conséquent privé de tous moyens d'action, rien n'y fit : c'est ainsi que se rend la justice en France et ce sont ces monstruosités dont on oppose si énergiquement la modification, que la loi et l'équité demandent à voir adopter.

De pareils faits se passent de commentaires. On n'examine pas un pourvoi faute de 180 francs, quand c'est la prévention qui a mis l'inculpé dans l'impossibilité de les fournir. Dira-t-on encore qu'il y a égalité devant la loi, l'ex-magistrat Desmaretz appelait ces procédés-là un assassinat moral ; avait-il tort ? MM. les académiciens, M. le garde des sceaux pourraient-ils leur donner une autre qualification ?..... Et c'est à partir du jour où ce pourvoi est mis au panier que date une condamnation imméritée.....

On veut épouvanter de grands personnages, tels que Lefèvre-Duruflé, ancien ministre ; Clément Duvernois, ancien ministre ; Fornereau, ancien président de la Confédération suisse, ou des Larochefoucault-Liancourt et tant d'autres : ces noms furent prononcés par le ministère public, et c'est un *ex-cocher de fiacre que l'on punit* pour servir d'exemple. N'est-ce pas justice, et ces hauts personnages, ces hommes titrés ne se croient-ils pas d'une essence supérieure ? Qu'ont-ils de commun avec un honnête travailleur ? Rien, pas même la loyauté !

Heureusement, dès le lendemain du prononcé de la Cour d'appel, je reçus, d'un homme dont la loyauté et la franchise ne s'arrêtent pas devant les préjugés, une lettre qui m'aida à supporter le coup d'une condamnation imméritée.

Voici cette lettre :

« Paris, le 27 février 1873.

« Je n'avais pas besoin du témoignage suprême auquel vous m'avez convié pour être fixé sur votre parfaite honorabilité. Ce que j'ai entendu hier, loin d'affaiblir les sentiments d'estime que j'avais pour vous, n'a fait au contraire que les fortifier davantage.

« J'ai vu que vous aviez été victime et que les vrais coupables, comme l'a dit le ministère public, n'étaient pas là.

« Tout en appréciant la remarquable plaidoirie de votre avocat (1), j'ai été surpris de son silence sur trois points.

« 1° On nomme un expert pour la vérification des écritures ; cet expert n'a donc à se prononcer que pour la question de tenue de livres et de comptabilité. Comment a-t-il pu sortir de sa mission, en terminant son rapport par des considérations aussi étrangères à son sujet, aussi hypothétiques et aussi injurieuses pour vous ? Comment votre défenseur n'a-t-il pas signalé cet étrange abus de pouvoir ?

« 2° On vous fait passer, d'après les **on-dit,** pour mener joyeuse vie. Il était si facile d'opposer à ces **on-dit erronés** le spectacle réel de l'existence simple et modeste que vous menez !

« 3° Enfin, pourquoi n'avoir pas fait ressortir la concordance de la dénonciation de vos ennemis avec la convocation de l'assemblée générale, qu'ils avaient quelques raisons de redouter ?

« Quoi qu'il en soit, vous êtes frappé par un arrêt aussi rigoureux que possible ; pour ma part, j'en suis navré quand j'y pense.

« Auteur d'une idée si juste et si simple, qu'on s'étonne presque de la voir se produire si tardivement, vous subissez le sort souvent immérité des inventeurs. Qu'a-t-il manqué à votre conception pour être viable ? Ce qui a presque toujours manqué aux précurseurs de l'avenir : le temps et l'argent ; avec ces deux éléments votre succès était certain.

« Arrière donc ce préjugé qui frappe ceux dont la fortune n'a pas couronné les efforts ; vouloir anéantir le progrès, mais c'est un contre-sens d'économie sociale ! Où en serions-nous sans la persévérance des novateurs ? Si Christophe Colomb n'avait pas eu cette ténacité, mais l'Amérique serait encore à découvrir !

« Ce qui m'afflige aussi, c'est la position qui est faite à votre famille, privée par votre absence de ses ressources naturelles ; on supprime le père ! la femme et l'enfant que vont-ils devenir ?

. . . .

« Signé : H. FAUVAU. »

---

(1) L'avocat de cour d'appel.

Et pendant toute ma détention, je ne cessai de protester comme on peut le voir par la lettre ci-après, qui me fut délivrée le dernier jour que j'eus à passer en prison.

MINISTÈRE DE L'INTÉRIEUR
—
Direction
de la Maison centrale
de Gaillon et des établissements pénitentiaires
de l'Eure
—
N°

OBJET :

Gaillon, le 17 avril 1875.

Monsieur le Procureur général,

« Pendant sa détention, le détenu Thébault, ex-directeur de la Caisse nationale, a affirmé son innocence de la manière la plus formelle. Je lui conseillai de subir sa peine et de ne travailler à sa réhabilitation que lorsqu'il serait libre, ce qu'il a fait. Aujourd'hui, il me prie de lui donner un mot de recommandation pour obtenir une audience particulière de vous, Monsieur le Procureur général. Je le fais d'autant plus volontiers que la conduite de ce détenu a été exempte de reproches; je suis heureux de le constater. »

« Daignez, Monsieur le Procureur général, etc., etc. »

Signé : MARGUERIN.

INCIDENTS

qui précédèrent et accompagnèrent la

CRÉATION ET FORMATION DE LA SOCIÉTÉ LA FORTUNE

ET QUI EN EXPLIQUENT LA CHUTE

Au lieu de chercher à assassiner des misérables qui ne valent pas même le mépris, dès que je fus libre, je me mis au travail avec l'ardeur qu'explique le désir d'une réhabilitation éclatante. Je croyais que cette réhabilitation devait être facile; toutefois je ne voulais pas la demander d'une manière ordinaire, et j'espérais la rendre en quelque sorte obligatoire au Garde des Sceaux par la création de grandes choses.

Dans ce but, j'ai créé et fondé la Société **la Fortune**. C'est moi qui en ai fourni tous les éléments, pièces et documents nécessaires. J'ai créé et constitué en 72 jours 7 Sociétés ou branches d'assurances que je fis fonctionner régulièrement.

Puis je créai et fondai sous le même nom une Société *de prêts et de crédit,* au capital progressif de cent mille francs à un milliard. Cette Société fut entièrement constituée en 31 jours. Alors j'entamai pour cette dernière Compagnie des négociations avec une des plus fortes Sociétés financières de France : la *Société générale pour le développement de l'industrie et du commerce en France,* en vue d'une opération de 200 millions de francs, première augmentation du capital social.

Des capitaux confiés à certains individus peuvent-ils fructifier ? Les faits ci-après vont répondre à cette question; ils feront voir que les meilleures idées, celles qui devraient rapporter des millions et même des milliards, peuvent être compromises lorsqu'elles rencontrent à leur début des gens qui laissent beaucoup à désirer.

Extrait du procès-verbal, du 8 février 1877, de l'Assemblée générale des Sociétés **la Fortune**. Présidence de M. Coutellier. Etaient présents : MM. Landrin, Lavril, de Courty, Marchoine, Fleury, Fauvau, Thébault et enfin Pommier, qui fit à l'Assemblée la proposition suivante :

« En raison de l'idée qui a présidé à la constitution de la Société, due à l'initiative de M. Thébault, qui en a fourni tous les éléments, pièces et documents, en raison des démarches par lui faites pour réunir les fondateurs, etc.

« Le Conseil propose à l'Assemblée générale des actionnaires, conformément au § 8 de l'article 4 de la loi du 24 juillet 1867, que M. Thébault ne pourra être révoqué, sinon il lui sera compté une indemnité égale à cinq années de son traitement au jour de sa révocation, ledit traitement, étant progressif, commence à 1,800 fr. tant que le capital social n'aura pas atteint 500,000 fr. ; 3,600 fr., de 500,000 fr. à 2 millions; 6,000 fr., de 2 à 4 millions; 12,000 fr., de 4 à 10 millions; 40,000 fr., de 20 à 40 millions, et 50,000 fr. dès que le capital aura atteint 50 millions et plus, n'importe quel chiffre le capital puisse atteindre. Ces appointements sont sans préjudice et ne diminuent en rien l'aléa des sommes qui sont et seront dues à M. Thébault dans les Sociétés mutuelles. »

Le but de cette proposition captieuse était double :

1° Se donner le moyen de me renvoyer et de m'enlever la possibilité de me plaindre, car on m'aurait dit : « Vous avez reçu l'indemnité dont la quotité a été fixée par une délibération de l'assemblée générale », et cela fermait la porte à toute discussion ;

2° Eviter le partage par moitié stipulé par la convention du 14 août 1876 et par le traité du 1er décembre 1876 (l'un et l'autre enregistrés), et s'assurer la totalité des avantages pendant une durée de 99 ans, moyennant un sacrifice d'une faible partie du revenu pendant cinq ans seulement.

Pour marquer son initiative dans cette proposition, le sieur Pommier me recommanda d'en réclamer l'adoption, parce que, disait-il, j'avais froissé un censeur en lui disant qu'il avait trouvé une erreur de cinq centimes et qu'il n'avait pas vu qu'il manquait des pièces de comptabilité, et que cet homme, pour se venger, pourrait bien provoquer ma révocation.

L'homme trop habile que j'avais mis à la tête de mes Sociétés voulait avoir seul tous les bénéfices de l'opération. Il connaissait la condamnation relatée plus haut, condamnation dont certes je ne me suis jamais caché, car j'estime que « la victime innocente n'a pas à rougir du crime de l'assassin » (expression de l'ex-magistrat Desmaretz). Lorsque je croyais à la loyauté de cet ex-avoué, je l'avais consulté sur le bien fondé de ma condamnation, en sa qualité d'ancien officier ministériel, il m'avait affirmé, même par écrit, qu'il avait la certitude de faire réviser ces décisions, ainsi que celles que **le Conservateur** avait obtenues par surprise, lorsque j'étais en prison.

J'avais donc confiance en lui et j'acquiesçai à sa demande. Ce fut un grand tort.

Les hommes de mauvaise foi, quand ils ne croient pas à la possibilité ou à la réalisation de grandes idées, promettent et s'engagent à toutes les demandes qui leur sont faites ; plus tard, s'ils voient qu'ils ont accordé des avantages sérieux, ils sont jaloux, et tous les moyens possibles et imaginables leur sont bons pour se rétracter.

Comme la négociation des 200 millions, dont il a déjà été parlé, était sur le point d'être terminée, les administrateurs des Sociétés **la Fortune** s'entendirent pour n'avoir pas à me payer 50,000 francs par an ou à me compter 250,000 francs de suite en cas de révocation, et **Pommier** proposa ma révocation en l'accompagnant d'un subterfuge où l'odieux et l'invraisemblable se disputent le prix.

L'enthousiasme et l'appât du gain ne tardèrent pas à faire connaître la loyauté de ces messieurs. À la suite de plus de 900 plaintes en escroquerie, devant le juge d'instruction chargé par le Parquet de cette enquête, ils durent *déclarer* et *signer* que les irrégularités constatées dans les écritures sociales avaient eu pour but de me dépouiller des sommes qui m'étaient dues.

Eh bien ! lecteur, que dites-vous d'une telle déclaration ? Plus de 900 plaintes en escroquerie et un tel aveu n'entraîneraient-ils pas une condamnation bien méritée, surtout lorsqu'on rapproche ce délit de celui pour lequel j'avais subi pendant trente mois la promiscuité des voleurs et des assassins ?

L'acquittement après l'aveu d'un crime qui entraine au moins la réclusion est inexplicable, et j'en cherchais le motif lorsque je lus le *Dossier de la Magistrature;* l'auteur paraît élevé dans ce sérail, car il en explique les détours. Malheureusement, pas plus ses protestations que celles du substitut Poitier ne firent opérer de changements radicaux. Ce dernier disait que chacun devrait rougir d'avoir salué des êtres aussi méprisables, lesquels abritaient leur triste personne et leurs passions lubriques sous l'accoutrement et la robe du Palais.

Voilà ce que j'ai lu aux pages 4, 5 et 6 du *Dossier de la Magistrature*, sous le titre : *Moralité :*

« Les tristes révélations qui se sont produites devant la cour d'assises de la Seine, dans l'affaire de l'assassinat de la veuve Crémieux; les mœurs infâmes qu'ont fait connaître les dépositions et les aveux de quelques témoins, me remettent en mémoire un souvenir qu'il m'est impossible de passer sous silence.

« Le héros de ce honteux scandale n'était ni un chef de division, décoré de la Légion d'honneur, comme le témoin Deblock, ni un ancien officier, comme le témoin De France, ni un ancien avoué, comme le témoin Pommier;

« C'était un magistrat.

« Que dis-je ? un magistrat !

« C'était le chef suprême de la magistrature française !

« A la fin de la monarchie de Juillet, le garde des sceaux, ministre de la justice et des cultes de Louis-Philippe, le nommé Martin (du Nord), pair de France, par-dessus le marché clérical renforcé, était surpris en flagrant délit d'outrage public à la pudeur avec un jeune polisson comme le Desquiens, condamné en août 1878 aux travaux forcés à perpétuité.

« Le chef suprême de la magistrature française, plus heureux que son récent émule, M. le comte de Germiny, en fut quitte pour une démission. Peu de temps après, il mourait à Tours, volontairement empoisonné.

« A la même époque, un autre garde des sceaux, ministre de la justice et des cultes du même roi Louis-Philippe, le nommé Teste, également pair de France, convaincu, conjointement avec le ministre de la guerre Despans-Cubière et le banquier Pellaprat, de concussion, de malversations, de tripotages, de vol, était condamné, de même que ses complices, à une peine afflictive et infamante.

« Cette condamnation d'un chef suprême de cette *magistrature choisie que l'Europe nous envie* est, certes, un fait exceptionnel. Seul compromis, M. Teste n'eût pas même été poursuivi ; mais il y avait d'autres accusés, et les plus hautes influences ne parvinrent pas à le sauver.

« D'ordinaire, et comme règle générale, la magistrature lave son linge sale en famille ; elle ne permet pas qu'une robe noire ou une robe rouge, une toque à bande d'argent ou à bande d'or, vienne jamais s'asseoir sur les bancs de la cour d'assises ou de la police correctionnelle.

« Dans les cas les moins graves, on étouffe l'affaire, on déplace le coupable, — au besoin on lui donnera de l'avancement, — et tout est dit. Si le scandale semble inévitable, le délinquant est poliment invité à se brûler la cervelle.

« Je pourrais multiplier ces exemples. Mais s'il était nécessaire d'effleurer ce sujet, il me répugne de m'y appesantir. »

Eh bien ! même après l'aveu de Pommier et consorts, il y a eu acquittement. M. *Albert Joly*, juge d'instruction, était à peine saisi de cette affaire, lorsqu'il fut nommé à un poste supérieur; mais il ne devait occuper cette nouvelle fonction que quand l'affaire des Sociétés **la Fortune**, Pommier, serait instruite ; cette condition lui fit peut-être omettre quelque chose.

Les faits s'arrêtent ici. J'aurais pu les grossir de détails anecdotiques qui auraient pu révéler de bien étranges choses : trente-six journaux et plus ont déjà parlé de ces tristes individus.

Ils s'étonnaient qu'à Paris, la ville universelle, berceau des arts, source des belles choses et des grandes idées, atelier immense du travail, phare d'éclatante clarté, il se trouvât, à côté du beau, des misérables aux goûts orientaux. Nous ne demandons pas, noble cité, que tu sois réduite en cendres, comme Sodome et Gomorrhe, mais nous voudrions que les quelques misérables que tu abrites soient chassés de ton sein et déportés dans des climats pestiférés. Là, ils pourraient méditer sur les cendres des villes maudites.

La 8e chambre correctionnelle, où ces trente-six journaux durent comparaître, eut un jour d'hilarité, et les invectives des membres les plus autorisés du barreau ne furent pas épargnées à ce pauvre **Pommier,** à qui le tribunal, loin d'allouer 1 million 800,000 francs, *oui, dix-huit cent mille francs* de dommages et intérêts qu'il demandait, ne lui accorda pas même un marron, avec lequel il aurait pu aller passer ses soirées aux Champs-Elysées, soit avenue des Veuves ou celles des bords de l'eau, lesquelles sont les moins fréquentées, dit-on.

Ces décisions me firent croire que le moment était opportun pour faire connaître aux autorités supérieures le peu de régularité qui préside dans les opérations de la Compagnie **le Conservateur**, et lui faire me restituer l'argent qu'il me retient indûment.

Le 21 mai 1878, j'adressai au Parquet une plainte contre **le Conservateur**. J'offrais de fournir la preuve des faits que **le Conservateur** avait commis lorsque j'étais directeur dre et que, de surplus, il me retenait indûment mon dû. Le 25 juillet, sans y être convié, j'allai voir M. Bonnet, substitut, qui me montra quelques papiers concernant **le Conservateur**. Il me dit qu'il n'avait pas eu le temps de les ouvrir, mais qu'il me ferait bientôt appeler. N'ayant pas été mandé, je retournai de nouveau au Parquet ; j'appris que M. Bonnet était en vacances. Le 21 août, j'écrivis pour savoir si on commencerait bientôt l'enquête : je ne pus rien savoir. Enfin, le 6 septembre, par une lettre *non affranchie*, je reçus invitation à comparaître le lendemain, 7 septembre, devant le substitut de Lamartinière, qui me dit que M. le Procureur de la République ne voulait pas avoir égard aux réclamations d'un ancien détenu et qu'il ne fallait plus écrire ! ! !

Cet ancien détenu était-il coupable ? Non, l'avocat général l'a dit lui-même et est-ce sa faute si le sacrifice que le Ministère public a fait de sa personne, n'a été d'aucune utilité ; et, si l'élite d'une Société gangrenée dut défiler devant la juridiction ordinaire et même devant des tribunaux spéciaux.

Monsieur le Garde des Sceaux, que je sois ancien détenu ou non, il me semble que celui qui est victime, a toujours le droit de se plaindre, et qu'il serait inique de lui refuser aide et protection sous prétexte qu'il a été condamné et surtout quand la condamnation a été prononcée dans les circonstances expliquées plus haut. La Compagnie **le Conservateur**, dont je suis victime, ce qui me donne le droit de me plaindre, me retient indûment ce qui m'est dû ; elle profite d'un procès qui n'a pour lui que le bénéfice de la chose jugée ; pour mettre des oppositions et faire verser aux Dépots et Consignations les fonds qui sont indispensables à la défense de mes droits devant les tribunaux, encore que ces sommes soient insaisissables et inaliénables, et je n'aurai pas le droit de me plaindre?

Le Conservateur me fait faire des propositions de chantage par l'intermédiaire d'un de ses avoués, **Paul Duboys**, qui est en même temps administrateur et très fort actionnaire de cette Compagnie. Ce **Duboys** me demanda une procuration pour toucher en mon lieu et place ce qui m'est dû, de façon que je n'aurais jamais su ce qui me revenait régulièrement, et que si j'avais protesté, on pouvait me répondre, au nom de la justice, qu'on me défendait de me plaindre. Deux sommations, deux procès-verbaux, deux constats, faits par deux officiers ministériels, la publicité que je fis faire au journal des *Petites Affiches*, le 20 mai 1878, que je fis reproduire au même journal les 21, 23, 25 et 27, n'ont pu me faire savoir ce qui m'était dû, et je dois garder le silence!

La lacune qui est dans les statuts du **Conservateur**, bien que contraire à la loi et à l'équité, fait que **le Conservateur** appelle à l'assemblée générale les souscripteurs qui ne peuvent ou ne sont pas capables de s'y rendre ou de soutenir leurs intérêts et ne permettent pas aux autres souscripteurs de se faire représenter, ce qui amène toujours une deuxième assemblée, laquelle est légalement constituée, quel que soit le nombre des membres présents.

On sait ce qui doit sortir d'une telle délibération et on ne peut qu'applaudir aux paroles prononcées par M. le substitut Harel, dans une savante réplique devant la 4e chambre de la cour d'appel de Paris : « Il ne faut pas accorder trop d'importance à ces prétendues deuxième assemblée générale, a dit ce magitrat, à une deuxième assemblée générale d'une Société importante, le nombre des membres qui ont composé cette réunion, soi-disant générale, était de quatre et ces quatre pamphlétaires avaient pris des délibérations contraires aux intérêts des vrais actionnaires.

« C'est de ces sortes de deuxième délibération que découle souvent la perte d'un capital que des administrateurs honnêtes auraient fait fructifier. »

Ma plainte ne resta cependant pas absolument sans réponse et voici ce que **le Conservateur** jugea à propos d'y objecter.

Le public est le souverain juge du débat, je lui dois donc toutes les pièces du procès.

RÉPONSE DU CONSERVATEUR

A MA PLAINTE AU MINISTÈRE DU COMMERCE

Tu finirais bien par hurler, misérable.
V. Hugo.

« En 1864, le sieur Thébault travaillait déjà depuis quelque temps pour **le Conservateur** sous les ordres de nos inspecteurs divisionnaires MM. Gaujac et Henry, les agents généraux portaient ce titre avant le directeur actuel, il fut nommé sous-directeur divisionnaire de la Compagnie à Lyon. Mais la violation des règlements et de coupables agissements amenèrent la révocation de Thébault en mars 1870 (1); il était alors notre débiteur de sommes importantes. Néanmoins il intenta à la Compagnie un procès en dommages-intérêts, tant pour le préjudice causé par sa révocation que pour celui résultant d'un prétendu refus de communications de livres et registres, comme il s'en plaint actuellement. La Compagnie, de son côté, lui réclama les fonds qu'il s'était indûment appropriés. Par jugement de la 2e chambre du tribunal civil de la Seine, en date du 21 janvier 1873, Thébaut fut purement et simplement débouté de sa demande et condamné en outre à payer à la Compagnie 8,124 fr. 92 avec intérêts et dépens. Ce jugement est passé en force de chose jugée et naturellement Thébault n'a jamais payé le montant des condamnations prononcées contre lui (2).

« En avril dernier, la Compagnie ayant appris que Thébault avait fondé ou géré une sorte de cabinet d'affaires, crut opportun de reprendre ses poursuites (3); de là des représailles et par suite la plainte déposée contre **le Conservateur**. Thébault est aujourd'hui agent d'affaires et marchand de jouets d'enfants (4); son cabinet d'affaires porte la dénomination suivante : « La bonne Foi. »

« Thébault est assuré au **Conservateur;** il a une police en cas de décès n° matricule 95.346, pour laquelle il vient à répartition de réserve des survivants cette année, après versement d'une prime trois quarts, n'ayant pas suivi son contrat. Le travail de cette répartition est depuis le 7 juin dernier au ministère du Commerce qui, après examen, le transmettra au ministère des finances, pour l'établissement des titres de rente. Dès que nous serons en possession des quotes-parts, les intéres-

---

(1) J'avais obligé **le Conservateur** à restituer 100 francs qu'il avait extorqué à M. **Pelllon,** receveur municipal à Gisors (Rhône), et à comprendre M. **Sorlin,** fabricant de soieries, 1, rue de la Comédie, à Lyon, dans la répartition parce qu'il avait fourni à temps les pièces exigées par les statuts. Les lettres publiées ci-dessus, p. 12, 14, 15, édifient le lecteur; car j'y dis catégoriquement que je ne voulais pas passer pour un voleur en représentant une Compagnie qui, après avoir perçu le 5 p. 100, ne s'occupait plus de ses assurés.

(2) Je ne devais rien. — Ayant quittance du **Conservateur**, comme on le verra bientôt, et depuis le 1er avril 1870 j'avais intenté un procès au **Conservateur** auquel je réclamais 250,000 francs, tant en règlement de comptes qu'en dommages et intérêts, les pièces que j'avais confiées à un tiers furent vendues, perdues ou égarées pendant ma détention. **Le Conservateur** qui avait contribué à me mettre dans l'impossibilité de soutenir mes droits fit une demande reconventionnelle et obtint un jugement qui me condamna à payer 8,124 fr. 92 c. à cette Compagnie qui me devait plus de 250,000 francs.

C'est ce qu'en procédure certains individus appellent un tour d'une ingénieuse finesse, car à ma sortie de prison et lorsque je fus à même de rappeler de ce jugement, il y avait force de choses jugées, comme le dit **le Conservateur.**

La chose jugée c'est :

D'un magistrat ignorant
C'est la robe qu'on salue.

LA FONTAINE.

(L'Ane chargé de reliques).

(3) **Le Conservateur** a commencé contre moi des poursuites parce que j'avais refusé de lui céder mes droits à la répartition, comme on peut le voir par sa lettre portant la date du 20 avril 1878 (page 56) et les réponses que je fis lorsqu'il me demandait que je lui cédasse mes droits à la répartition de 1878.

(4) Je mets **le Conservateur** au défi de prouver que je fus jamais marchand de jouets d'enfants. Le rapprochement des dates de sa lettre et des actes extra-judiciaires édifiera le lecteur et il sera convaincu que si j'avais cédé mes droits à la répartition de 1878, la triste Compagnie **le Conservateur** aurait peut-être amplifié les sommes qui m'auraient été dues et j'aurais ainsi, sans le savoir, aidé à tromper les assurés du **Conservateur.**

sés en seront avisés, ainsi que des moyens de les toucher à notre caisse (1).

« En cette qualité d'assuré et en vertu de l'article 49 des statuts, Thébault a droit à la communication sans déplacement des registres et documents commerciaux. La Société à laquelle il appartient, c'est-à-dire la Société de réserve des survivants de 1878. Ces registres et documents sont au nombre de deux :

« 1° L'état de ladite Société, c'est-à-dire le compte courant, lequel contient les noms des assurés, le capital souscrit, les sommes versées par chacun et celles non versées, soit la situation de chaque assuré.

« 2° Le carnet d'achat des rentes appartenant à ladite Société et à repartir entre les sociétaires avec l'indication des fonds employés à l'achat desdites rentes. La communication de ces deux documents ne lui a jamais été refusée, le procès de constat, dressé à sa requête le 15 mai 1878, en fait foi.

« Mais ce n'était pas là ce que désirait Thébault, son but était d'arriver à avoir la liste des noms et adresses des souscripteurs convoqués pour le 27 mai dernier en assemblée générale, assemblée composée en vertu de l'article 57 des statuts *des plus forts* souscripteurs, dans chaque Société constituée, ce dont Thébault ne fait point partie. Il comptait, ainsi qu'il s'en est vanté, leur adresser individuellement un factum contre la Compagnie et faire du scandale (2).

« C'est dans ce but qu'il fit paraître le 20 mai, dans les *Petites Affiches*, un avis aux actionnaires et assurés du *Conservateur*, dans lequel il s'intitulait faussement ex-directeur de la Compagnie ; il invitait les assurés à lui adresser leurs pouvoirs. Cette tentative n'eut aucune suite et la Compagnie attendit que la diffamation fût plus caractérisée pour la réprimer ; elle n'attendit pas longtemps. Il appartient aux tribunaux de faire justice des accusations de ces déclassés qui ne vivent que de scandale (3).

« Quant aux prétendues irrégularités commises dans notre gestion, pour toute réponse je me bornerai à faire observer qu'en vertu de l'ordre royal du 12 juin 1842 et du décret impérial du 16 janvier 1854, la Compagnie est soumise à la surveillance incessante et quotidienne d'une commission gouvernementale, qui porte ses investigations non-seulement sur les livres et les registres de nos associations tontinières, mais encore sur la régularité des écritures, l'exactitude de la caisse et du portefeuille.

« Au surplus, si le parquet veut entièrement s'éclairer sur la moralité du sieur Thébault, il suffit d'interroger son casier judiciaire.

« Thébaut a été condamné, le vingt-quatre janvier 1873 (4), par la

---

(1) On peut remarquer que **le Conservateur** ne dit même pas au Ministère quelle était la quote-part qui me revenait. **Le Conservateur** connaît l'apathie et la négligence bureaucratique du Ministère ; il sait que personne ne cherchera à se rendre compte si la somme que l'on m'a attribuée est amplifiée ou non.

(2) **Le Conservateur** m'attribue une pensée de scandale que je n'ai jamais eue. Je voulais obtenir la preuve de certaines irrégularités.

(3) Ainsi qu'il le dit, **le Conservateur** me fit assigner en police correctionnelle d'abord, et en cour d'appel correctionnelle ensuite. Mais il fut débouté devant ces deux tribunaux.

(4) J'avais fondé **la Caisse nationale** avec des hommes titrés, ils avaient pris l'engagement de fournir les sommes nécessaires au premier établissement et à la mise en activité de deux Sociétés d'assurances sous le nom **la Caisse nationale.** Ils prirent des délibérations et me donnèrent l'ordre d'employer les fonds des intéressés au lieu et place des sommes qu'ils devaient verser. Lorsqu'ils eurent compris la gravité des ordres qu'ils avaient

9e chambre du tribunal correctionnel de Paris, pour abus de confiance dans l'affaire de la *Caisse nationale*, à deux ans de prison, 1.000 francs d'amende et interdit pendant cinq ans de l'exercice des droits mentionnés par l'article 42 du Code pénal.

« La Compagnie n'a été pour rien dans cette poursuite (1), qui a lieu d'office contre *Thébault*. Quand *Thébault* était au service de la Compagnie, celle-ci aurait pu, usant de son droit, le déférer à la justice ; elle s'est montrée généreuse en n'exerçant aucune poursuite. Thébault paraît l'avoir oublié.

« Résumant l'accusation qui a un caractère calomnieux et diffamatoire non défini :

« 1° Que la plainte n'articule aucun fait ;

« 2° Que la commission du gouvernement ne saurait signaler aucun agissement blâmable ; que son droit est, du reste de vérifier ;

« 3° Que Thébault n'est autre chose qu'un mandataire infidèle, délateur malhonnête, cédant à un besoin de diffamer et de calomnier et dont les antécédents judiciaires disent assez quelle valeur on peut accorder à ses récriminations » (2).

De cette réponse il m'était facile de réfuter chaque phrase.

Le ministère, comme je le dis plus haut, soit pour ne pas voir les fautes de la commission, soit pour ne pas sévir contre **le Conservateur**, resta dans une apathie blâmable et me répondit la lettre ci-après :

LETTRE DU MINISTÈRE DE L'AGRICULTURE

MINISTÈRE
DE L'AGRICULTURE
—
Etablissements tontiniers
—
Conservateur.
—

Paris, le 16 août 1879.

Monsieur,

« Vous m'avez adressé une plainte contre la Société d'assurances mutuelles sur la vie *le Conservateur*, en me demandant de faire procéder à une enquête sur les agissements de cette Société.

« Vous exposiez en outre, qu'étant assuré au *Conservateur*, vous aviez été obligé d'employer le ministère d'huissier pour demander, en votre qualité de sociétaire,

---

donnés, ils firent une plainte collective, **le Conservateur** en fit une deuxième, ils en firent faire une troisième par un courtier qui ne pouvait pas me rembourser les sommes qu'il me devait. Par le rapprochement de cette condamnation dont la teneur est page 39, et de celle par défaut qu'obtint **le Conservateur**, à la date du 21 janvier, c'est-à-dire trois jours avant, on comprendra les menées dont je fus la victime.

(1) Ici encore **le Conservateur** joue sur les mots. Il a aidé et est l'instigateur de mon assassinat moral. Mais quand les individus qui étaient à la tête de cette Compagnie furent bien convaincus que le juge d'instruction, au lieu d'une ordonnance de non-lieu, s'intéressait personnellement à cette infamie, **le Conservateur** retira sa plainte ; ce qui lui donna le droit de dire qu'il n'était pour rien dans les poursuites.

(2) Le commencement de ce troisième paragraphe a sans doute été fait en Conseil, les administrateurs se regardaient et se reprochaient leurs faits et gestes; ou, si un seul l'a rédigé, s'il avait la plume de la main droite, il avait un miroir de la main gauche; car s'il y a un coupable et un mandataire infidèle, c'est **le Conservateur**, et non moi.

communication des documents concernant l'association dont vous faites partie. Ces sommations n'auraient abouti qu'à vous faire donner une communication partielle et insuffiante.

« Votre réclamation a été soumise à l'examen de la Commission de surveillance des Sociétés et Agences tontinières. *La Commission a fait observer que dans votre plainte vous n'articulez aucun fait précis;* vous vous bornez à des *allégations générales telles que : irrégularité, violation des statuts, atteinte grave portée aux intérêts des sociétaires.* Dans ces conditions, la Commission a exprimé l'avis *qu'il n'y avait pas lieu d'accueillir la demande d'enquête que vous avez formée.*

Hein !

« D'autre part, en ce qui concerne le refus de communication de pièces que vous prétendez vous avoir été opposé par *le Conservateur, il résulte des renseignements fournis à la Commission de surveillance* que la Société se serait seulement opposée à des investigations qu'elle considérait comme en dehors des droits de sociétaire, mais que vous affirmiez avoir le droit de faire. La Compagnie fait remarquer que vous paraissez avoir confondu les droits des actionnaires d'une Société anonyme et ceux des sociétaires d'une Compagnie d'assurances, car vous citez *l'art. 35* de la loi du 24 juillet 1867, sur les Sociétés, article qui concerne les actionnaires des Sociétés et non les bénéficiaires des établissements tontiniers.

Par qui ?

Et l'art. 49 des statuts pourquoi est-il fait ?

« Cette dernière question me paraît d'ailleurs être du domaine des tribunaux ordinaires et l'administration n'aurait pas à connaître d'une contestation de cette nature.

« La réponse à votre réclamation était préparée et allait vous être adressée, lorsque, à la date du 7 août courant, vous avez saisi mon administration d'une nouvelle pétition dans laquelle vous alléguez certains faits spéciaux à une souscription Pellion, faits remontant à l'année 1870; j'ai cru nécessaire de soumettre cette nouvelle lettre à l'examen de la Commission de surveillance.

« Après en avoir pris connaissance, la Commission m'informe que, maintenant les conclusions énoncées dans son précédent rapport, elle est d'avis qu'il n'y a pas lieu d'ordonner une enquête sur vos allégations, *ces allégations ayant un caractère fort général,* et le seul fait précis, celui de la souscription Pellion, ne lui ayant pas paru après examen, contraire aux statuts des associations du *Conservateur* (1). »

« Dans ces conditions, et adoptant les conclusions de

(1) Par exemple, voilà qui est plus fort ! La commission nommée par l'Etat pour surveiller *le Conservateur* écrit au Ministre qu'elle trouve que les statuts du *Conservateur* ne s'opposent pas à ce que *le Conservateur* trompe ses assurés et leur vole cent francs ou plus, avant de leur délivrer le titre de rente qui leur a été attribué à la répartition à laquelle ils avaient droit. (*sic*)

Qu'on se le dise !

l'avis de la Commission, *je ne pense pas, Monsieur, qu'il y ait lieu de procéder à l'enquête que vous demandez, et cela d'autant plus que la surveillance exercée d'une manière permanente par la Commission à l'égard du* Conservateur *comme à l'égard des autres Sociétés et Agences tontinières constitue une enquête toujours ouverte.*

« Recevez, etc., etc. »

Par intérim,

Signé : COCHERY.

Pour **le Conservateur**, ce n'était pas assez d'avoir, par des réponses banales, endormi les ministres et leur avoir fait rejeter la demande d'enquête, il fallait à tout prix m'empêcher de demander des comptes au **Conservateur**.

Une Compagnie sérieuse ne puise ses renseignements qu'à des sources avouables et rejette tout ce qui n'est pas de la plus grande loyauté. Les hommes véritablement honnêtes jetteraient le gant qui a touché la main d'un misérable comme il s'en rencontre quelquefois.

Le Conservateur, au contraire, saisirait et irait même avec empressement au devant des hommes les plus tarés, s'il croyait que ces misérables puissent lui être de quelque utilité pour aider à berner ses assurés.

Ce qui va suivre expliquera les manœuvres que **le Conservateur** employa pour me réduire au silence et il serait arrivé à son but sans la loi du 29 juillet 1881.

Il avait reçu la lettre ci-après :

LETTRE DE POMMIER AU CONSERVATEUR

Paris, le 26 juin 1877.

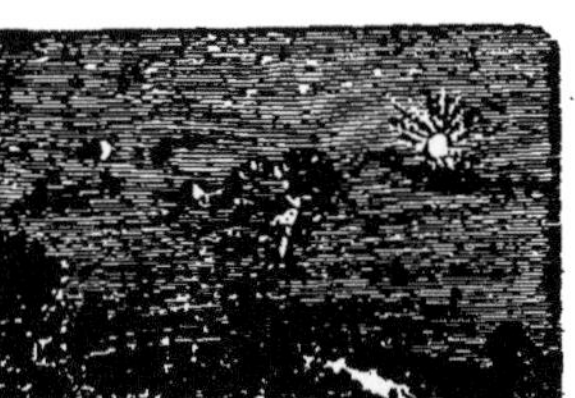

LA FORTUNE
UNIVERSELLE

SOCIÉTÉ
d'assurances mutuelles à primes fixées d'avance
contre :
1o L'Incendie
L'explosion du gaz et des appareils à vapeur des fabriques et usines

2o Les accidents corporels

3o Les accidents des chevaux et voitures

4o La mortalité du bétail

5o Le bris des glaces

6o Les risques dangereux

7o Les maladies

et 8o prochainement sur la vie

Administration générale à Paris
66, rue de Provence.

Monsieur le Directeur,

« La Société *Le Conservateur* a obtenu un jugement contre un de ses inspecteurs à Lyon, le sieur Thébault, en 1871, qui condamne celui-ci à restituer 8,000 francs environ à la Société.

« Le sieur Thébault a été inspecteur jusqu'au 5 mars, dans notre Société, et a été alors révoqué de ses fonctions.

« Le Tribunal de Commerce de la Seine vient de condamner notre Directeur à lui payer une indemnité pour cause de cette révocation, somme qui pourra dépasser celle qu'il vous doit.

« Je vous en informe afin que vous puissiez, si vous le jugez à propos, rentrer dans votre créance, en formant opposition entre les mains de notre Directeur; mieux vaudrait que vous touchiez l'indemnité que votre débiteur, car il l'emploierait certainement pour ses besoins au lieu de désintéresser ses créanciers.

« Recevez, Monsieur le Directeur, l'assurance de notre considération. »

Le Directeur,

POMMIER.

Pouvait-il sortir quelque chose de bon d'une ligue qui avait pour chef Pommier et Boucherot et comme conseils les administrateurs des Sociétés **la Fortune** et ceux du **Conservateur**. Cette dernière Société, tout en me gardant mon argent, écrivit au ministre des notes qui travestissaient la vérité et voulait rejeter sur moi ses propres fautes. Pommier et ses administrateurs durent, dans une enquête ordonnée par le Parquet, déclarer et signer que les irrégularités dans les écritures de leurs Sociétés anonymes, avaient pour but de me dépouiller des sommes qui m'étaient dues.

Je serais curieux de savoir par lequel, ceux qui conseillent la violence, auraient commencé à allonger les oreilles de ces tristes sires ?

EXTRAIT DE L'OPPOSITION DU CONSERVATEUR

ENTRE LES MAINS DE

POMMIER, directeur de LA FORTUNE

L'an 1877, le 27 juin, à la requête de M. Jules Boucherot, agissant au nom et comme directeur de la Compagnie d'Assurances mutuelles sur la vie, dite *le Conservateur*, dont le siège est à Paris, rue de Richelieu, n° 102, y demeurant, élisant domicile en ma demeure, j'ai Albert Bourgoint, huissier près le tribunal civil de la Seine, séant à Paris, y demeurant, rue du Faubourg-Montmartre, soussigné, déclaré à M. Pommier, directeur de la Compagnie d'Assurances mutuelles contre l'incendie, dite *la Fortune universelle*, dont le siège est à Paris, en son domicile ou étant et parlant à la concierge de la maison ainsi déclaré.

En vertu du jugement dont extrait précède, et donné d'autre part, le dit requérant s'y oppose à ce qu'il se désaisisse, paie et vide ses mains d'aucunes sommes de diverses et d'autres choses quelconques qu'il aura droit, ou devra en quelques titres et pour quelque cause que ce soit à M. François Thébault ou non, et comme directeur divisionnaire de ladite Compagnie *le Conservateur*, et notamment en raison des fonctions d'inspecteur qu'il a exercées, ou exerce encore au service de ladite Compagnie *la Fortune universelle*, ledit sieur Thébault, demeurant à Paris, rue Bichat, 34, et ce, pour avoir paiement de la somme de huit mille cent vingt quatre francs de principal, plus les intérêts et des frais, le tout résultant des condamnations prononcées par ledit jugement dont s'agit, lequel est dûment enregistré, sans préjudice d'autres dus, à peine de tous dommages intérêts et lui a laissé copie du présent. Coût : 8 fr. 55 cent., signé Bourgoint.

Enregistré à Paris, le 28 juin 1877, reçu 3 fr. 75 cent., signé Guérin.

Le directeur du **Conservateur, Boucherot,** m'avait dit à différentes fois qu'il blâmait ce que ses prédécesseurs avaient fait à mon égard à l'époque de la répartition dans laquelle j'avais droit d'être compris. La Compagnie **le Conservateur** m'envoya quatre lettres, une le 20 janvier 1878, une le 6 février 1878, une le 16 février 1878, une le 5 mars 1878. Cette Compagnie sait semer pour récolter, elle a pour principe de ne jamais affranchir les lettres de ses assurés.

Les lettres imprimées qu'elle m'adressa étaient toutes affranchies comme et au tarif des lettres manuscrites, et les deux dernières portaient sur l'exergue d'un timbre : répartition, pièces à produire; cette production de pièces ne suffisait pas au **Conservateur** pour toucher à ma place le montant de ma répartition, quel en était le chiffre? était-il de 2,600 fr., plus ou moins, car des bruits absurdes annoncent plusieurs chiffres encore plus exagérés. Cette Compagnie voulait et il fallait selon elle que je lui fasse une cession.

Le 20 avril, je reçus la lettre ci-après (toujours affranchie).

LE
CONSERVATEUR
Compe anonyme
d'assurances mutuelles
sur la vie
autorisée par ordonnance
du 2 août 1844

Direction générale
57, rue de la Chaussée-d'Antin

No 196784

Paris, le 20 avril 1878.

Monsieur,

« Veuillez, je vous prie, passer mardi ou mercredi prochain au plus tard à l'administration, bureau de la correspondance, pour affaire vous concernant.

« Agréez, Monsieur, l'expression de ma considération distinguée. »

Pour la Compagnie,
Le Directeur général :
Signé : BOUCHEROT.

Pour me conformer au désir exprimé dans la lettre ci-dessus, le mardi 23 avril 1878, je m'étais rendu dans les bureaux du **Conservateur;** on me demanda très courtoisement si je voulais céder à la Compagnie mes droits à la répartition. Vous savez, me dit le Directeur, que la Compagnie a obtenu un jugement qui vous condamne à lui payer 8,124 fr. 92 c.; sans entrer dans le bien fondé de ce jugement, mon devoir est d'en faire recouvrer le montant. Je répondis au Directeur qu'il savait mieux que personne, puisqu'il me l'avait dit lui-même, que ce jugement n'avait été obtenu que par surprise, et parce que je ne pouvais soutenir mes intérêts, puisque j'étais écroué; je sais, dis-je, qu'il me faudra subir les conséquences de cette condamnation comme si elle était légitimement due, mais que je ne puis abandonner ma répartition puisqu'elle m'est indispensable pour traduire **Pommier,** directeur des Sociétés **la Fortune** devant les tribunaux et le faire me tenir compte des sommes qu'il me doit. Du reste la lettre que Pommier a écrite au **Conservateur** et l'opposition que **le Conservateur** a faite entre les mains de **Pommier** n'est pas seulement une preuve, c'est une garantie de la créance du jugement par défaut que **le Conservateur** a obtenue contre moi.

M. Boucherot, furieux de voir que je ne voulais pas lui abandonner ma répartition, me dit : **le Conservateur** avait mis jusqu'ici beaucoup de bonne volonté, mais aujourd'hui qu'il voit que vous ne voulez pas lui faciliter l'exécution de votre condamnation, il vous fera poursuivre à outrance. Je dis à M. Boucherot : « Mais ma répartition est insignifiante et ne peut couvrir 8,124 fr. 92 ». Il me dit : « **Peu vous importe que la répartition soit forte ou insignifiante ! ! ! ! ! ! ! ! !** »

Le lendemain, je recevais un commandement ; deux jours après un huissier venait faire un procès-verbal de Carence ; ce qui me fait supposer que **le Conservateur** avait fait sous mon nom une répartition quelque peu amplifiée. Certaine indiscrétion me fit supposer qu'elle dépassait 28,000 fr. La garantie d'une créance qui n'avait de réelle que la force des choses jugées était pourtant plus que suffisante dans ce qui m'était dû par **Pommier**, directeur des Sociétés **la Fortune.**

Extrait du COMMANDEMENT

L'an 1878, le 24 avril, en vertu d'un jugement rendu par la deuxième chambre du tribunal civil de première instance du département de la Seine séant à Paris, le 21 janvier 1873, lequel est dûment collationné, signé, enregistré et signifié, étant en forme exécutoire ; et à la requête de la Compagnie anonyme d'assurances mutuelles sur la vie *le Conservateur*, dont le siège est à Paris, actuellement rue de la Chaussée-d'Antin, nº 57, poursuites et diligences de M. Jules *Boucherot* son directeur actuel, demeurant audit siège ;

Pour qui domicile est élu en ma demeure ; j'ai Albert *Bourgoint*, huissier près le tribunal civil de la Seine, demeurant à Paris, rue du Faubourg-Montmartre, 15, soussigné ;

Fait commandement à Monsieur François *Thébault*, demeurant à Paris, actuellement rue Bichat, nº 34, en son domicile ou étant parlant à la concierge de la maison ainsi déclaré ;

De payer dans vingt-quatre heures, à ladite Compagnie requérante en mes mains comme porteur de pièces la somme de huit mille cent vingt-quatre francs 92 centimes de principal, plus les intérêts depuis liquidés et autres frais, le tout en quoi il a été condamné par le jugement susdaté pour les causes y portées, sans préjudice d'autres dus : droits, actions, intérêts, frais, dépens et mise d'exécution. Lui déclarant que faute de satisfaire au présent commandement dans ledit délai, il y sera contraint par les voies de droit.

Et lui ai parlant, comme dessus laissé cette copie, feuille spéciale montant à soixante centimes.

Signé : BOURGOINT.

Coût : 7 fr. 55, y compris une demi-feuille spéciale montant à 60 c.

JUGEMENT DE LA CHAMBRE DES AVOUÉS

Que ne puis-je dire comme GRESSET :

> Viens à mon secours ma muse sévère !
> Adoucir l'esquissé du mal fondé du jugement
> de la Chambre des avoués.

Lorsque j'eus reçu la copie de l'opposition que **le Conservateur** fit entre les mains de **Pommier** je me rendis au **Conservateur** pour tenter d'entraver cette action si préjudiciable à mes intérêts. Le directeur était à Vichy, où il devait encore rester une vingtaine de jours. Le secrétaire me conseilla d'aller voir Paul Duboys, avoué et administrateur du **Conservateur**; pour me décider, il me dit que Paul Duboys avait plus d'autorité que le directeur du **Conservateur** lui-même. Je me rendis 14, rue Turbigo, en l'étude de ce burlesque officier ministériel, je lui expliquai que **le Conservateur** avait fait une faute en mettant une opposition entre les mains de **Pommier,** celui-ci profiterait de la difficulté que cette opposition allait me causer pour ne pas me payer. Après avoir examiner mes titres, Paul Duboys me dit : confiez votre affaire à mon étude, je me charge de vous faire payer; les premiers jugements des tribunaux vous confirment un droit indéniable.

Après que nous fûmes tombés d'accord sur la marche à suivre, dans ma campagne contre **Pommier**, Paul Duboys me dit d'une façon incidente, en constituant les Sociétés **la Fortune**, vous aviez formé très rapidement un cabinet d'affaires à **Pommier,** comment aviez-vous fait? car on m'a affirmé que dès le 3e mois les recettes de ce cabinet atteignaient près de 1,200 francs.

J'expliquai à Paul Duboys que chaque matin je consultais les *Petites Affiches* et les *Affiches Parisiennes,* et avant midi j'avais visité 7 ou 8 personnes traquées et poursuivies par des créanciers.

Je les adressais à **Pommier**, et sur ce nombre il lui en restait au moins un tiers comme clients, ce qui avait fait en peu de temps une nombreuse clientèle à ce cabinet. Paul Duboys me dit alors: faites de même pour mon étude, j'avancerai les frais de votre procédure contre **Pommier**; je lui promis mon concours. Quelques jours après, je lui conduisais un nommé Deleau qui avait été renversé par une des voitures de la Compagnie générale, au coin de la rue de Nice et de la rue des Trois-Bornes? Je dis à Paul Duboys : Je ne vous amène pas un client, car il est désigné pour l'étude de Me Dubos, avoué, rue d'Alger, 12, et tout en plaisantant je lui dis : Ce n'est pas une perte pour votre étude, car c'est un client de l'assistance judiciaire, mais j'ai voulu vous prouver que je pouvais faire rapidement quelque chose.

Paul Duboys me dit: lorsque les désaccords sont entre une administration, il y a une facilité de s'arranger; c'est ce que la ficelle du métier vous apprendra bien vite !!!! et séance tenante, il substitua son nom à celui de Dubost. Plus tard, Deleau me reprocha de l'avoir conduit chez Paul Duboys; il trouvait le procédé de Paul Duboys peu délicat et il regretta d'avoir consenti que Paul Duboys substituât son nom à celui de Dubost. Devant plusieurs personnes il se plaignait de n'avoir eu que 4,000 francs pour un accident qui l'avait estropié pour le reste de ses jours, et sans nul doute à tort, il crut que cet intermédiaire forcé avait pris des conclusions peu favorables au mieux de ses intérêts. Moi je suppose que le désir d'avoir une affaire de plus pour son étude a seul déterminé Paul Duboys à s'emparer de l'affaire de Deleau, lorsqu'elle était désignée par l'assistance judiciaire à son collègue Dubost et rien de plus.

Paul Duboys m'avait donc fourni avoué de cour et avocat, je dus toutefois changer ce dernier.

Le 28 novembre 1878, la Cour d'appel confirma les jugements du Tribunal du Commerce. **Pommier** avait été arrêté à Pau, le 17 août, à la suite de plus de 900 plaintes en escroquerie et des révélations de Desquiens, l'assassin de la veuve Crémieux, ce qui fit suspendre mes poursuites. Au milieu d'avril 1879, Paul Duboys rédigea une nouvelle assignation contre **Pommier**, pour qu'il plaise au Tribunal de Commerce de la Seine de désigner un comptable pour examiner les livres des Sociétés **la Fortune**.

Les considérants et les conclusions de cette signification sont si explicites que je la transcris textuellement ci-après.

SIGNIFICATION A POMMIER

A COMPARAITRE AU TRIBUNAL DE COMMERCE

« L'an 1879, le 15 avril, à la requête de M. François-Jean-Michel *Thébault*, ancien inspecteur d'assurances, demeurant à Paris, rue Bichat, n° 34, pour lequel domicile est élu 14, rue Turbigo, *en l'étude de M. Paul* DUBOYS, *avoué*.

« J'ai Devien, huissier près le tribunal civil de la Seine, soussigné, donné *assignation* à M. Alphonse-Charles-François *Pommier*, ancien avoué, actuellement directeur des Sociétés *la Fortune*, demeurant à Paris, rue Royale, n° 10.

« A comparaître le mardi 22 avril courant, à dix heures du matin, à l'audience et devant MM. les président et juges composant le tribunal de commerce de la Seine, séant à Paris, en la Cité, pour :

« Attendu que M. Thébault et M. Pommier ont fondé, en collaboration, les Sociétés d'assurances mutuelles et de crédit, existant actuellement à Paris sous la dénomination de *la Fortune*, dont l'idée première appartient au sieur Thébault seul.

« Attendu qu'il est intervenu entre les parties, à la date du *1er décembre 1876*, un traité sous signatures privées, enregistré à Saint-Denis le 24 janvier 1877, folio 52, verso, case 5, par le receveur qui a perçu les droits aux termes duquel, *pour répartir équitablement entre Thébault et Pommier les résultats pécuniaires que leur donnerait et pourrait donner le fonctionnement des deux Sociétés, il a été convenu ce qui suit textuellement :*

« Art. 1er. La Société d'assurances mutuelles *à primes fixes* d'avance *la Fortune*, dont le siège est à Paris, a été constituée le 26 octobre 1876.

« La Société anonyme de *prêt* et de *crédit la Fortune*, dont le siège est à Paris, a été constituée le 27 novembre 1876. Ces deux Sociétés ont été fondées par la collaboration et d'après les idées communes de MM. Thébault et Pommier. M. Pommier est le directeur de l'une et de l'autre. M. Thébault est inspecteur dans la première, organisateur de la seconde.

« Pour *répartir équitablement* entre eux les résultats pécuniaires que leur donne et pourra donner le fonctionnement de ces deux Sociétés, MM. Thébault et Pommier ont arrêté la convention suivante :

« Art. 1er. Tous les émoluments, avantages, parts de bénéfices, gratifications et commissions que procureront à MM. Pommier et Thébault leurs fonctions, quelles qu'elles puissent être ou devenir dans ces deux Sociétés, seront *partagés par moitié* entre eux, c'est-à-dire qu'il sera fait masse et chacun des émoluments, bénéfices, gratifications, commissions et avantages quelconques revenant à l'un ou à l'autre, au fur et à mesure qu'ils se produiront mensuellement, annuellement ou périodiquement, et qu'ils seront partagés par *égales fractions*, soit que l'un, soit que l'autre cesse d'occuper une fonction dans l'une ou l'autre Société, le partage s'effectuera pour ce que l'autre retirera de ces fonctions. Les avantages réservés au *directeur* par les articles 33, 75 à 80 des statuts de la Société d'assurances, entreront dans le *partage*. Le partage aura lieu pendant la durée de la Société, tant que dureront les matières à partager, même entre les héritiers ou cessionnaires de MM. Thébault et Pommier.

« Art. 2. Si par la même collaboration et sur les mêmes bases MM. Pommier et Thébault viennent à constituer de nouvelles Sociétés d'assurances sous le titre *la Fortune* et y occupent des fonctions, ou y recueillent des bénéfices ou avantages, le même partage aura lieu.

Art. 3. M. Thébault s'engage, comme condition de ce partage, et M. Pommier également, à donner tout leur concours aux Sociétés dont s'agit.

« Il est convenu que si M. Thébault, comme inspecteur et organisateur, était délégué en province, son absence de Paris ne durerait pas plus de huit mois par an, au moins en quatre reprises différentes. Les frais de voyage qui produiraient des économies n'entreront pas en partage.

« Art. 4. Toutes les affaires contentieuses et de commissions, que MM. Pommier et Thébault auront l'occasion de traiter, donneront lieu au même partage de bénéfices.

« Fait double à Paris, le 1er décembre 1876, signé Pommier et Thébault.

« Attendu que le sieur Pommier, devenu directeur des Sociétés *la Fortune*, crut pouvoir échapper aux obligations résultant du traité susénoncé, en faisant révoquer M. Thébault des fonctions d'inspecteur, organisateur des diverses Sociétés, mais que deux jugements du tribunal de commerce de la Seine, en date des 25 mai et 15 juin 1877, confirmés par un arrêt de la quatrième chambre de la Cour d'appel de Paris du 28 novembre 1878, passés en force de choses, jugées, ont consacré et sanctionné dans toutes ses parties la convention du 1er décembre 1876, qui est devenue la loi des parties.

« Attendu que le requérant a actuellement à réclamer à Pommier sa moitié des sommes importantes que celui-ci a ou doit avoir encaissé à titre soit d'appointements, soit de commissions, gratifications, parts de bénéfices et avantages divers réservés au directeur, aux termes des articles 33, 75 et 80 des statuts des Sociétés d'assurances.

« Attendu qu'une instruction correctionnelle suivie contre le sieur Pommier et les administrateurs des Sociétés *la Fortune* a révélé « des irrégularités dans les écritures destinées, de l'aveu de Pommier lui-même, à dissimuler certaines sommes attribuées au directeur » afin d'empêcher Thébault d'en prendre sa part.

« Attendu que Thébault, ayant été systématiquement exclu de l'administration des Sociétés dont il est le véritable fondateur, afin qu'il lui fût impossible d'y surveiller ses intérêts, est évidemment fondé à obtenir du sieur Pommier le compte de tous les émoluments, gratifications, parts de bénéfices, commissions et avantages généralement quelconques qu'il a touchés ou auxquels il aurait droit d'après les statuts, avec production de toute la comptabilité des Sociétés, à titre de pièces justificatives ; que le sieur Pommier s'est toujours refusé à fournir ledit compte que Thébault lui réclame vainement depuis plusieurs mois, qu'à défaut de la production de ce compte et des pièces à l'appui dans le mois du jugement à intervenir, il devra être condamné d'ores et déjà en des dommages-intérêts à liquider par état.

« Par ces motis :

« Voir dire qu'il plaira au tribunal, dire et ordonner que dans le mois au prononcé du jugement à intervenir, Pommier sera tenu de fournir et signifier au demandeur le compte complet de tous les émoluments , bénéfices, gratifications, commissions et avantages de quelque nature qu'ils puissent être, qu'il a touchés ou dont il est créancier des Sociétés *la Fortune*, en appuyant ledit compte de toutes les pièces justificatives. Dire que pendant un mois, à partir de la production du compte de Pommier, ce dernier devra mettre à la disposition de Thébault, dont tel lieu qu'il plaira au tribunal, désigner tous les livres de comptabilité des dites Sociétés, dont ledit sieur Thébault, assisté d'un ou de plusieurs conseils ou experts en comptabilité, pourra prendre connaissance pendant trois heures par jour, pendant ledit délai d'un mois.

« Dire qu'à défaut par Pommier d'avoir, soit fourni le compte ordonné, soit communiqué la comptabilité dans les termes et délais du jugement, il sera d'ores et déjà condamné en des dommages-intérêts à liquider par état, et attendu qu'il est dès à présent établi que Thébault a droit à des sommes importantes, en vertu d'un traité dont la validité et la portée ne peuvent plus être contestées par Pommier en raison des condamnations présentes.

« Condamner Pommier à payer à Thébault, à titre de provision, une somme de trois mille francs.

« Ordonner l'exécution provisoire du jugement à intervenir, en ce qui concerne la provision et ce nonobstant opposition ou appel. »

Dès que **Pommier** fut touché par la signification ci-dessus transcrite, il chercha à transiger, soit seul, soit par l'intermédiaire de Me Devien, l'huissier qui avait fait la signification rédigée par Paul Duboys. Comme j'avais confié mes intérêts à Paul Duboys, je ne voulus rien terminer sans le consulter et comme on était dans les vacances de Pâques, je lui écrivis la lettre chargée ci-après :

N° 6024
Copie de Lettre N° 10
Folio 372

Paris, le 15 avril 1879.

Monsieur Paul Duboys, à Massy-sur-Seine (Aube).
En cas d'absence, faire suivre.

« Je sors de votre étude ; votre premier clerc m'a dit que vous ne reviendriez pas avant lundi soir 21 avril. Je serai dans votre cabinet mardi matin, à 8 heures, pour qu'il me reste assez de temps pour faire faire le placé de l'assignation à l'audience pour ce jour-là 22 avril, car je ne veux plus la retarder.

« Pommier a peur du procès, votre assignation l'effraie, il voulait me donner 4,000 francs, sans préjudice de tout ce qui me revient ; il a proposé à Me Devien de vérifier ses livres, mais pas de procès, j'ai besoin de vous consulter à ce sujet. A mardi matin, sans faute. De l'aveu de Pommier toujours devant Me Devien, les comptes monteront à une somme importante.

« Bien à vous, et à mardi matin, 8 heures. »

Signé : THÉBAULT.

P. S. Un mot pour Me Mermilliod, s. v. p.

Le mardi matin, 22 avril 1879, à huit heures, j'entrais dans le cabinet de M. Paul Duboys, je lui expliquai comment **Pommier** voulait éviter le procès. Paul Duboys me dit : « Obtenez toujours votre jugement, on le mettra ou on ne le mettra pas à exécution. » De là, je me rendis au greffe du tribunal de commerce pour faire placer mon assignation.

Il paraît qu'à peine étais-je sorti de l'étude de Paul Duboys que **Pommier** y entrait. Bien que Paul Duboys ait dit devant beaucoup de monde que si jamais **Pommier** se présente, il lui défendrait de passer le seuil de sa porte, Paul Duboys reçut **Pommier**, puis ils sortirent en voiture ensemble pour se rendre au **Conservateur**. Par un hasard extraordinaire, ma cause contre **Pommier** au tribunal ds commerce fut appelée la troisième et, séance tenante, le tribunal prononça un jugement qui commit Me Louis Vimard pour examiner les livres des Société **la Fortune**. Je retournais vite pour annoncer cette bonne nouvelle à Paul Duboys, les clercs de l'étude me dirent que Duboys avait reçu **Pommier**, qu'ils étaient sortis en voiture ensemble. Interdi d'apprendre le peu de solidité de la parole de Paul Duboys, je quittai son étude, mais bien résolu d'attendre son retour. Il y a un café dans la maison, je m'installai de manière à voir les allées et venues. Il y avait peu de temps que j'étais à mon poste d'observation, lorsque je vis une voiture dont les stores étaient baissés qui s'arrêtait presque en face de moi. Je me demandais qui pourrait bien être dans cette voiture, au centre de Paris, à pareille heure, les stores baissés. Ce n'était pas un débiteur malheureux qui craignait les recors du commerce ; depuis longtemps la contrainte par corps est abolie. Je me faisais toutes ces questions quand la portière s'ouvrit et que Paul Duboys, l'avoué, et **Pommier**, l'ex-avoué, descendirent de la voiture aux stores baissés. Paul Duboys avait sans doute alors un reste de pudeur qui lui avait fait craindre que l'on ne le vît en voiture en si triste compagnie. La figure de ce ridicule personnage était toute illuminée, la rougeur empourprait ses joues, ses yeux sortaient pour ainsi dire des orbites, on aurait dit que ce gros paquet allait suffoquer ; dès qu'il m'aperçut il me déclara qu'il ne voulait plus me prêter son concours pour poursuivre **Pommier**, lequel, la bouche en cœur, lui faisait risette... Qu'avait-il dû se passer ?... Qui sait, c'était peut-être pour sa bonne détermination ?

Et je dis comme la devise anglaise : « Honni soit qui mal y pense. »

Indigné d'être dupe de ces deux..... compères, j'allai trouver Me Delacourtie, rue de la Chaussée-d'Antin, 36, qui était alors président de la Chambre des avoués ; il me reçut fort bien, pensant sans doute avoir devant lui un nouveau client ; mais, dès qu'il sut que j'avais à me plaindre d'un avoué, la figure de Me Delacourtie se transforma. Il me dit : « Je ne peux vous écouter, faites-moi un rapport, je le soumettrai à la commission. » Ayant suivi ce conseil, la Chambre des avoués m'adressa la lettre ci-après :

TRIBUNAL
DE 1re INSTANCE
de la Seine
—
Chambre des Avoués

Paris, le 2 juin 1879.

Monsieur,

« Je vous donne avis que la réclamation que vous avez adressée contre M. Paul Duboys à M. le Président de la Chambre des Avoués, a été confiée au rapport de M. Castaignet, 87, rue Neuve-des-Petits-Champs, auquel vous pouvez faire parvenir les renseignements que vous croiriez devoir fournir à l'appui de cette réclamation.

« Votre très humble serviteur. »

Signé : DUMONT,
Chef au Secrétariat.

Je reçus quelque temps après une lettre de M. Castaignet, avoué, 87, rue Neuve-des-Petits-Champs, je me rendis à son invitation, plus tard je fus invité à me présenter à la Chambre des avoués ; en séance, Me Castignet soutint que Paul Duboys avait deux essences, deux personnalités, deux manières d'être, l'une comme avoué, l'autre comme administrateur du **Conservateur**, et il conclut que les actes que Paul Duboys avait fait, ce n'était pas comme avoué, mais comme administrateur d'une Société financière. Me Castignet dit de plus que les lettres que Paul Duboys m'avait écrites n'avaient aucune valeur, etc.

Et la corporation accepta les conclusions d'un pareil rapport !

Allons, Messieurs les membres de la chambre des avoués, ayez donc au moins la pudeur de Paul Duboys, qui baisse les stores. N'approuvez vos membres qu'en petit comité et non devant celui qui a à se plaindre de faits inqualifiables..... Si Paul Duboys n'a pas fait acte d'avoué, que veut dire l'élection de domicile en son étude ? Me Castignet trouve que Paul Duboys a deux essences, deux personnalités ; c'est curieux, pourquoi ne pas dire trois tout de suite, l'opinion publique aurait vu si elle devait adorer ce grotesque et ridicule personnage comme un nouveau dieu, étayer une nouvelle religion sur ce Monsieur, ou simplement ne lui accorder que la confiance que mérite un officier ministériel lorsqu'il retire la parole donnée après que les actes sont signifiés et le premier jugement rendu, et surtout lorsqu'il eut compris les bénéfices qu'il pourrait garder sur les affaires des clients que je lui avais conduits.

Dans la séance du 22 avril 1879, le Tribunal de Commerce de la Seine fit droit et adoptant les conclusions de l'assignation du 15 avril, même année, approuva mes demandes de vérification des livres des Sociétés **la Fortune,** nomma arbitre M. Louis Vimard, 16, avenue Trudaine, professeur de comptabilité à l'école commerciale, devant qui **Pommier** doit apporter trois heures par jour et pendant un mois tous ses livres et sa comptabilité.

LOUIS VIMARD

PROFESSEUR DE COMPTABILITÉ A L'ÉCOLE COMMERCIALE

ARBITRE RAPPORTEUR PRÈS LE TRIBUNAL DE COMMERCE

Avenue Trudaine, 16

Paris le 8 Mai 1879.

Monsieur,

Nommé, par jugement du Tribunal de Commerce de la Seine du 22 avril, arbitre rapporteur dans l'instance entre vous et M. Pommier, je vous prie de vous rendre à mon cabinet le 15 courant, à 11 heures précises.

Veuillez vous munir d'une copie de votre assignation et des pièces et documents à l'appui.

Agréez Monsieur, mes civilités empressées.

Signé : L. VIMARD.

M. Thébault,
rue Bichat, 34, *Paris.*

Les légions d'avoués et d'avocats qui composent **le Conservateur** connaissent toutes les ruses et savent tirer parti de toutes les ficelles. Duboys, lorsqu'il eut rédigé l'assignation et que **Pommier** eut été condamné à soumettre ses livres à l'examen des experts et après que Duboys eut refusé de me prêter son concours, **Pommier** et **le Conservateur** croyaient bien triompher.

Ils savaient que les comptables et les experts ne feraient rien avant d'avoir une provision pour examiner ses registres et le but de **Pommier** et du **Conservateur** était de m'empêcher de donner cette provision et de rendre ainsi impossible la vérification qui devait donner des preuves accablantes contre eux jusqu'à ce qu'il y ait prescription ; ils seraient arrivés à leurs fins si **Pommier** n'avait offert par la voix de ses journaux de faire annuler 279 Sociétés. La presse s'émut d'une telle audace et « *Diogène* » dans une polémique vigoureuse attaqua sérieusement cet ignoble personnage.

J'expliquai mes griefs au « *Diogène,* » je lui fis voir les pièces qui me donnent un droit indéniable. Ce journal me prêta son concours, fit lever le jugement du 22 avril, et, dans son numéro du mardi 10 octobre, on lisait ce qui suit sous la rubrique :

DOSSIER POMMIER

A l'heure où paraîtront ces lignes, l'illustrissime fachino Pommier aura reçu signification du jugement contradictoire rendu contre lui le 22 avril 1879 à la requête de François-Jean-Michel Thébault, son ancien associé-fondateur des Sociétés la *Fortune*.

Ce jugement, curieux à plus d'un titre, a été prononcé sur des conclusions rédigées par maître Duboys, avoué, et nous croyons salutaire d'en extraire les quelques passages qui jetteront un nouveau jour sur l'honorabilité du sieur Pommier, inventeur de l'art de faire chanter les Sociétés craintives et de s'en faire 100,000 fr. de rentes.

« Attendu que le sieur Pommier, devenu directeur des Sociétés la *Fortune*, avait cru pouvoir échapper aux obligations résultant du traité sus-énoncé en faisant révoquer le sieur Thébault des fonctions d'inspecteur-organisateur des diverses Sociétés, mais que deux jugements du Tribunal de commerce en date des 25 mai et 15 juin 1877, confirmés par un arrêt de la 4e chambre de la cour d'appel de Paris, du 28 novembre 1878, passés en force de chose jugée, auraient consacré dans toutes ses parties la convention du 1er décembre 1876, qui était devenue la loi des parties.

« Attendu qu'une instruction correctionnelle suivie contre le sieur Pommier et la Fortune aurait révélé des irrégularités dans les écritures, destinées, de l'*aveu de Pommier lui-même,* à dissimuler certaines sommes attribuées au directeur, afin d'empêcher Thébault d'en prendre sa part.

« Attendu que Thébault, ayant été systématiquement exclu de l'administration des Sociétés dont il était le véritable fondateur, afin qu'il lui fût impossible de surveiller ses intérêts, était évidemment fondé à obtenir du sieur Pommier le compte de tous les émoluments, gratifications, etc., etc.

« Que le sieur Pommier s'était toujours refusé à fournir ledit compte que Thébault lui réclamait vainement depuis plusieurs mois, etc., etc. »

A ces conclusions, qui l'atteignaient si directement dans ce que ce drôle nomme « son honneur et sa considération » M. Renaud, défendeur, s'est borné à prétendre Thébault non recevable en sa demande; mais le Tribunal, après en avoir délibéré, ordonna le renvoi des parties devant M. Vimart, expert, et Pommier fut mis en demeure d'avoir à fournir des comptes.

Il y a un Dieu pour les ivrognes, dit le proverbe, il n'est donc pas trop surprenant qu'il y en ait eu un pour Pommier, et c'est sans doute à cette intervention extra-humaine, que ce triste sire dut de ne pas être immédiatement inquiété et de pouvoir continuer son commerce malpropre.

Trois années s'écoulèrent donc, et Pommier, la providence des déserteurs dans l'embarras, commençait même à considérer le jugement du 22 avril comme une démonstration purement platonique, mais il avait compté sans *Diogène.* Nous avons fait lever le jugement révélateur, nous l'avons fait signifier au sieur Pommier, et nous ne négligerons rien pour que toutes ses conséquenses légales ressortent leur plein et entier effet.

C'est l'heure du nettoyage qui sonne, en avant le balai.

Comme je le dis à la page 34 de la présente brochure, j'avais dit à M. **Lacaille** que, pour démontrer la bonté de mon système, qu'il n'était pas capable, on ne voulait pas apprécier, et pour confondre ses amis, que dès que je serais libre je formerais une Société. Je n'en ai pas seulement formé une, mais huit, sous la dénomination de **La Fortune.** On peut se demander : Puisque le système était si bon, pourquoi ces Sociétés n'existent-elles plus ? J'ai déjà dit au quatrième paragraphe de la page 45 que confier les meilleures institutions à certains individus c'est les condamner d'avance. On pourrait me dire aussi que chat échaudé doit craindre l'eau froide, et que puisque j'avais mal tombé pour la formation de la **Caisse nationale,** j'aurais dû bien choisir pour les Sociétés **la Fortune.** Ceci est très facile à dire, mais quelquefois bien difficile à faire. Il y a des corporations qui ne veulent rien laisser transpirer au dehors; elles lavent leur linge sale en famille et elles cachent avec soin les monstruosités de leurs membres.

Pommier avait été chassé de la Chambre des avoués par ordre supérieur, pour des faits si honteux que même les écrivains pornographiques n'oseraient les révéler.

Lorsque **Pommier** me sollicita pour que je lui confiasse la direction des Sociétés **la Fortune,** je demandai des renseignements à la Chambre des avoués sur **Pommier**; *ils furent bons.* Plus tard, *je compris que les officiers ministériels qui m'avaient vanté cet ignoble personnage m'avaient induit en erreur,* mais je ne connus l'ignominie de ce triste Monsieur que par la campagne que lui fit le journal *le Diogène.* Il commença à le démasquer le 1er août 1882 et continua jusques et y compris le numéro du 19 décembre 1882, par la publication du jugement de la 11e chambre correctionnelle, ainsi conçu :

On lit dans le premier-Paris du journal *le Diogène,* en date du mardi 19 décembre 1882 :

POMMIER CONTRE DIOGÈNE

Nos lecteurs n'ont pas perdu le souvenir des articles que *Diogène* a consacrés à M. Pommier, l'ex-avoué chassé du palais pour cause d'immoralité notoire.

Ils savent avec quelle vigueur nous avons arraché le masque à ce maître chanteur et avec quel soin nous avons accumulé les preuves de ses agissements funestes aux intérêts qu'il prétendait sauvegarder.

Ce faisant, *Diogène* avait indiqué le but auquel il tendait : chasser des rangs de la critique indépendante un intrus dont les manœuvres jetaient le discrédit sur les travaux d'écrivains honnêtes.

M. Pommier ayant eu l'audace d'en appeler aux tribunaux des volées de bois vert dont *Diogène* avait honoré son échine, la 11e chambre de police correctionnelle rendit le 12 décembre le jugement que je reproduis ci-après :

Président : M. HORTELOUP. *Substitut* : M. BEDOREZ.

LE TRIBUNAL ; — Après en avoir délibéré conformément à la loi,

Attendu qu'il résulte des documents de la cause et des débats que le premier août 1882, à Paris, Dugué a : 1° dans le numéro paru ledit jour premier août du journal le *Diogène,* dont il est le gérant, et qu'il a signé en cette qualité, diffamé publiquement Pommier en publiant dans ledit journal un article commençant par ces mots : « Ce Pommier dont la vie scandaleuse... » et finissant par ceux-ci : « ... extirper de la Société tous les hommes-filles. »

2° Dans le numéro du même journal paru le 15 du même mois, commis le même délit de diffamation envers Pommier en publiant, dans ledit journal, un article intitulé : « Avis aux actionnaires et obligataires qui donnent leurs pouvoirs à Pommier. » commençant par ces mots : « Pommier, homme sans honneur... » et finissant par ceux-ci : « ... le rôle de champion des lois méconnues. »

3° Et enfin, dans le numéro dudit journal *Diogène* portant la date du 22 août, également signé par lui, en qualité de gérant, diffamé de nouveau Pommier en publiant un troisième article commençant par ces mots : « Quand on a eu le malheur... » et finissant par ceux-ci : « ... en contact avec de pareils personnages. » ;

Attendu que ces divers articles contiennent des allégations et imputations de nature à porter atteinte à l'honneur et à la considération de celui qui en est l'objet ;

Que notamment ledit Pommier y est qualifié de « *maître chanteur* », d' « *Androgyne qui n'a plus à compter ses flétrissures* », de « *produit de la corruption* » ;

Qu'on y rencontre les passages suivants :

« *Oui, sieur Pommier, oui, nous dirons toutes vos turpitudes; nous publierons au besoin les noms des nombreux mineurs souillés par votre immonde lubricité.* » *Vos amis les plus beaux, ceux à qui vous offrez des bijoux, le soir aux Champs-Elysées sur des bancs, sont recrutés partout, même parmi les voleurs et les assassins. Pommier, homme sans honneur et sans scrupules... espère que les administrateurs intimidés chanteront. Pommier est simplement une personnalité répugnante qui demande au chantage les moyens de continuer une existence tout entière consacrée aux vices les plus méprisables; ses connaissances en droit.... lui eussent assuré une existence facile et honorée, si la turpitude de ses mœurs et l'ignominie de sa conduite n'avaient contraint la corporation à le chasser de son sein pour cause d'infamie flagrante. Et l'âge, loin d'apporter le calme dans les sens pervertis de Pommier, semblait avoir transformé ses appétits immondes en une frénésie de pollution qu'il lui fallait exercer à tout prix vis-à-vis des adolescents que le vice, la misère, l'isolement ou l'inconscience du danger jetaient sous ses pas. Il faut se garder comme de la peste de se mettre en contact avec de pareils personnages.*

Attendu que ces faits constituent le délit prévu et puni par les articles 29 et 32 de la loi du 29 juillet 1881 ; faisant application de ce dernier article ;

Vu l'article 64 de la loi du 29 juillet précité ensemble l'article 463 du Code pénal, modérant la peine à raison des circonstances atténuantes ;

Condamne Dugué à **CINQ FRANCS** d'amende ;

Et statuant sur les conclusions de la partie civile ;

Attendu que, vu les circonstances de la cause et la personnalité du demandeur, les articles incriminés n'ont pu causer aucun préjudice à Pommier;

Rejette ses conclusions à fin de dommages-intérêts ;

Condamne Pommier aux dépens, lesquels ont été avancés par lui et sont liquidés à la somme de douze francs, sauf son recours contre Dugué ;

Pommier réclamait 5,000 fr. de dommages-intérêts et l'insertion dans dix journaux : il est donc battu et bien battu.

UN ÉCHO DES AFFAIRES POMMIER

La consultation des jurisconsultes conclut à la responsabilité de ceux qui sanctionnent les manœuvres **Pommier**.

Cela se corse et j'espère bien que cela ne fera que croître et embellir; les adorateurs de **Pommier** ont la perspective d'aller s'asseoir sur les bancs de la correctionnelle à coté de **Pommier**, voilà ce qui ne fit pas la joie de

MM. **Landrin**, médecin vétérinaire;
Morchoine, architecte vérificateur de mémoire;
Lavril, placier;
Deshongeu, officier de la Légion d'honneur, ces Messieurs paraissent peu flattés d'avoir (bien qu'on les aient acquittés) été en 1878 obligés de s'asseoir pendant trois jours sur le banc de l'infamie (police correctionnelle) à côté de **Pommier**. Il est probable que ces personnages ne sont pas à regretter d'avoir sanctionné la lacération des livres et la falsification des écritures, car ces individus étant tous, soit président dans une des Sociétés **la Fortune**, commissaire de surveillance dans l'autre, et ainsi de suite, ce qui leur permettait de se contrôler mutuellement les uns les autres ou de se passer la rhubarbe pour avoir le séné. **C'est ce que je me propose sous peu de faire examiner** par les tribunaux.

Par la lettre du sieur **Pommier**, reproduite à la page 55, et l'opposition que **le Conservateur** fit entre les mains de **Pommier**, et celle que **le Conservateur** fit entre les mains du **Conservateur**.

Extrait de l'OPPOSITION du CONSERVATEUR entre les mains du Conservateur

« L'an 1878, le 29 octobre,

« A la requête de la Compagnie anonyme d'assurances mutuelles sur la vie dite le Conservateur, poursuites et diligences de M. Boucherot, son directeur actuel, demeurant au siège de la Compagnie, rue de la Chaussée-d'Antin, n° 57.

« Elisant domicile en ma demeure; j'ai Albert Bourgoint, huissier près le tribunal civil de la Seine séant à Paris, y demeurant, rue du Faubourg-Montmartre, n° 15, soussigné, dénoncé et laissé copie à M. François Thébault, demeurant à Paris, actuellement rue Bichat, n° 34, en son domicile où étant parlant à la concierge de la maison ainsi déclaré.

« De l'exploit d'opposition dont copie précède; à ce qu'il n'en ignore, et à pareille demeure et élection de domicile que dessus, j'ai donné assignation audit sieur Thébault en parlant comme dit, être à comparaître à l'expiration de la huitaine franche de la loi, en l'audience et pardevant Messieurs les président et juges composant la première chambre du Tribunal civil de la Seine, séant à Paris, au Palais de Justice, à dix heures du matin, attendu que la dette est constante et fondée en titre.

« Que l'opposition sus-énoncée est régulière en la forme et juste au fond, la voir déclarer bonne et valable; en conséquence, voir dire que toutes les sommes saisies, arrêtées, seront versées entre les mains de la demanderesse, en principal, intérêts, frais et accessoires, requérant en dépens. Déclarant que Me Duboys, avoué près ledit Tribunal occupera pour la demanderesse sur la présente demande.

« Et j'ai, à domicile, et parlant comme dessus, laissé cette copie.

« Coût dix francs cinq centimes, y compris une demi-feuille de timbre spécial de soixante centimes. »

Avec toutes ces garanties on comprendra que si les administrateurs et le directeur de la Compagnie **le Conservateur** n'avaient pas craint que je leur demandasse des comptes, ils auraient pu dormir sur leurs oreilles, car ils étaient sûrs de rentrer dans la créance que leur octroyait le jugement du 21 janvier 1873 avec intérêts et dépens.

Mais là n'était pas la préoccupation du **Conservateur**, il fallait à tout prix, comme je l'ai dit, éviter de rendre des comptes de la gestion des tontines, surtout à quelqu'un qui s'était aperçu des irrégularités et qui avait protesté contre les abus.

A cet effet ils formèrent un comité pour rechercher des tiers qui mirent, comme on dit vulgairement, à tort ou à raison, des bâtons dans les roues.

INTERVENTION D'UN LIQUIDATEUR

QUI DEPUIS PLUS DE QUATRE ANS

N'A ENCORE RIEN FAIT DANS L'ESPÈCE

Par exploit du ministère de Me **Louvet**, huissier audiencier près le Tribunal civil de la Seine séant à Paris, y demeurant, rue Richelieu, 92, je reçus, le 11 juillet 1879, une assignation au nom de **Hons Olivier**, liquidateur judiciaire, demeurant à Paris, boulevard Saint-Germain, 144, à comparaître le mardi 15 courant au tribunal des référés à l'effet d'entendre nommer un séquestre pour disposer des sommes me revenant dans les Sociétés **la Fortune**. J'allai avec mon conseil, lequel était aussi surpris que moi, voir M. **Hons Olivier**, secrétaire de la 1re chambre du tribunal civil de la Seine, lequel nous dit qu'il était depuis le 20 août 1878, nommé liquidateur judiciaire de la **Caisse nationale**.

Je dis à M. **Hons Olivier** que je ne comprenais pas comment on me faisait appeler en référé pour la **Caisse nationale**, car bien qu'il m'y soit dû des sommes importantes, je n'avais encore rien réclamé. M. **Hons Olivier** nous dit : « Je ne connais pas ceux qui doivent ou ceux à qui il est dû *(sic)*, je n'ai aucun titre, je ne sais pas où les livres ont été mis après la mort de l'insolvable **Broussard**. »

J'expliquais qu'un des motifs qui avait déterminé l'acquittement des administrateurs de la **Caisse nationale**, c'est qu'ils prirent, dans l'interrogatoire que le juge d'instruction leur fit subir (dont j'ai la copie des cotes) et devant le tribunal, l'engagement collectif de rembourser toutes les sommes qui étaient dues par la **Caisse nationale** et de faire faire à leurs frais la liquidation ; à cet effet leur choix se fixa sur **Charles Brossard**, compatriote de l'un d'eux, et grâce à l'intervention de leur ami haut placé ils purent le faire agréer comme liquidateur judiciaire par les tribunaux compétents, car M. **Brossard** n'avait jamais été liquidateur judiciaire et il n'y connaissait rien.

Hons Olivier nous dit : « Je savais tout cela, mais je n'ai pas un sou pour cette liquidation et il me faut de l'argent ! ! ! *(sic.)* »

Pourquoi M. **Hons Olivier** accepte-t-il d'être séquestre de ce qui m'est dû et ne fait-il rien, car, outre la lettre ci-après, je n'ai pas connaissance que depuis plus de quatre ans que M. Hons Olivier est nommé séquestre de mes biens, il ait seulement écrit une seule fois ; c'est, on l'avouera, abusivement détenir l'argent, qui pourrait être employé plus utilement qu'à dormir dans sa caisse.

J'avais insisté auprès de lui pour qu'il fournisse provision à M. **Vimard**, 16, avenue Trudaine, qui avait été nommé le 22 avril 1879 par le tribunal de commerce de la Seine pour examiner les livres des Sociétés **la Fortune**.

Le 17 février 1880, M. **Hons Olivier** reçut la lettre ci-après :

LOUIS VIMARD

PROFESSEUR DE COMPTABILITÉ A L'ÉCOLE COMMERCIALE

ARBITRE RAPPORTEUR PRÈS LE TRIBUNAL DE COMMERCE

Avenue Trudaine, 16

Paris, le 17 février 1880.

Monsieur,

Affaire Thébault et Pommier :

Je suis allé plusieurs fois au tribunal pour vous voir.

Voudrez-vous me fixer un jour et une heure, je craindrais que vous veniez chez moi aux autres jours de mon cabinet.

Louis VIMARD.

A cette lettre M. **Hons Olivier** répondit à **Louis Vimard** celle qui suit :

Paris, le 18 février 1880.

Monsieur,

Je suis tout à fait étranger à l'affaire Thébault et Pommier.

Seulement, comme créancier de Thébault, j'ai intérêt à ce que les sommes que Pommier devra à

Thébault soient aussi élevées que possible et que la solution soit le plus tôt possible.

C'est pourquoi j'avais proposé à M. Thébault de l'aider un peu dans les poursuites qu'il dirige contre Pommier.

Mais je n'ai pas revu M. Thébault depuis quelque temps.

HONS OLIVIER.

J'affirme que la lettre que M. **Hons Olivier** a écrite dans l'espèce est erronée ; j'avais consenti, sur la demande d'**Hons Olivier,** qu'il soit nommé séquestre des sommes qui m'étaient dues par **Pommier,** à condition que sur les dites sommes que **Pommier** lui verserait, il prélèverait le nécessaire pour forcer **Pommier** à me fournir des comptes, ce qu'il promit ; j'ai été des quantités de fois chez M. **Hons Olivier** pour le prier de tenir sa promesse, j'ai prié M. **Vimard** de lui écrire la lettre que l'on vient de lire, en plus j'ai prié un avocat de le voir et lui demander s'il ne voulait pas, sur les sommes qu'il avait reçues, donner une provision à M. **Vimard,** et il répondit à cet avocat que cette affaire « l'embêtait », qu'il ne voulait plus s'en occuper, mais il ne dit pas qu'il voulait ni rembourser ni reverser à la caisse des Consignations les sommes que **Pommier** lui avait déjà versées.

Sans la position de M. **Hons Olivier**, qui est greffier de la première chambre du tribunal civil de la Seine, dont la charge vaut plus d'un million, ce qui, outre sa fortune personnelle, le met au-dessus de tous soupçons, on aurait pu se demander si M. **Hons Olivier**, qui détient depuis le mois d'août 1879 des fonds qui me sont dus, ne prête pas largement à la critique? puisque jusqu'à ce jour M. **Vimard** n'a pas encore touché de M. **Hons Olivier** la plus petite provision pour vérifier les comptes des Sociétés **la Fortune**.

Si, dans ce fait, M. **Hons Olivier** n'a pas rempli son mandat, en voulant être agréable à **Pommier**, ne pourrait-on dans cette occurrence lui appliquer les articles 1382, 1383 du Code civil, car cette négligence ou cette complaisance m'est préjudiciable.

En admettant même pour un instant que **Pommier**, qui ne se voyait pas tourmenté, n'ait fait que le versement que m'a annoncé M. **Hons Olivier** en août 1879, cette somme forme un intérêt de 90 francs par an, et je serais curieux de savoir si ces 90 francs sont ajoutés au capital ou s'ils sont retenus en provision et pour couvrir des dépenses qui n'ont pas été faites, car je ne crois pas, et je n'ai aucune connaissance que M. **Hons Olivier** ait fait rechercher aucun créancier ni administrateur de l'ex-**Caisse nationale**; est-ce le fait de cette non-activité qui fait que des liquidations, qui pourraient être terminées dans quelques semaines, durent trente ans et plus? dans le cas où l'intérêt ne serait pas ajouté au capital, ce serait le

finis coronat opus.

Naguère la lenteur et les avances qu'il fallait faire pour avoir l'approbation des tribunaux faisaient que celui qui n'avait pas de fortune ne pouvait pas se faire rendre justice.

Que de problèmes à résoudre maintenant que la loi du 29 juillet 1881 permet de soumettre à l'opinion publique les fautes que commettent certains mandataires légaux.

Aujourd'hui au-dessus de la chose jugée, qui est, comme l'a dit La

Bruyère, trop souvent l'âne chargé de reliques ; au-dessus de la Cour d'appel ; au-dessus de la Cour de cassation qui n'examine les pourvois qui lui sont confiés que si 180 francs ont été versés, il y a une *Cour suprême et sans prévarication, et ce juge impartial c'est l'opinion publique*, à qui il appartient de savoir apprécier si la condamnation dont je suis victime et dont j'ai déjà parlé est suffisante ou exagérée et si je dois encore payer, par des retenues sur mon travail, les sommes que les administrateurs de la **Caisse nationale** ont personnellement empruntées, ainsi que l'argent que s'est approprié le liquidateur judiciaire choisi par les administrateurs et agréé *par les tribunaux*.

Quand je sortis de prison, je me rendis au garni où quelque temps après ce liquidateur judiciaire mourait insolvable ; dans ce garni je lui demandai quel était le résultat de la liquidation et si je pouvais toucher le complément des appointements qui m'étaient dus.

Ce liquidateur judiciaire me dit qu'il n'avait pas encore commencé, qu'il avait le temps, qu'il prélevait 500 francs par mois, soit 6,000 francs par an, sur les sommes qu'il avait fait rentrer ; qu'il avait tout intérêt à faire durer cette liquidation le plus longtemps possible.

LETTRE A M. LE PRÉSIDENT DE LA CHAMBRE DE COMMERCE

« Je n'ai reçu votre honorée du 31 mai que le 7 juin seulement.

« Le 21 mai 1878, en adressant à douze sommités l'exposé de mes griefs contre **le Conservateur**, il était loin de ma pensée de prier soit la **Chambre de Commerce**, soit une des autorités à laquelle je m'adressais, de s'occuper d'une affaire personnelle, mais bien d'examiner l'ensemble des opérations du **Conservateur**, ce qui, du reste, est l'esprit de l'ordonnance royale qui a autorisé **le Conservateur** comme toutes les Sociétés tontinières.

« En faisant douze plaintes j'avais la certitude que plusieurs resteraient sans réponse et que l'effet en serait nul, car, en France, c'est triste à dire, mais malheureusement c'est trop vrai, l'autorité supérieure demande difficilement des comptes à une Société, si elle est administrée par des hommes dont l'audace fait la plus grande valeur et si la plainte n'est pas hautement appuyée ; c'est ce qui explique pourquoi, lorsque l'autorité s'occupe d'une affaire, trop souvent les désastres dépassent toutes les prévisions. »

Lorsqu'en 1878 j'écrivais que l'autorité supérieure ne sévissait contre les hauts filous que quand les désastres dépassaient toutes les prévisions, est-ce que j'avançais un fait inexact ? S'est-elle occupée de savoir si M. **Ambrosi,** *capitaine des pompiers,* avait tort ou raison lorsqu'il avait qualifié de fripons le sénateur **Baragnon et Ce**.

Je vais retracer ce que j'ai lu dans les journaux du samedi 17 février 1883, sous la rubrique : **Les Tripoteurs,** juste le même jour et à la même heure où Me **Allou** demandait au Sénat que l'on écarte les lois de précautions et qu'il fallait, disait-il, protéger les classes moyennes et les classes dirigeantes. Les journaux avaient-ils prévu le discours de M. **Allou** et l'article des « Tripoteurs » était-il écrit pour lui répondre, ou voulait-il seulement défendre ses collègues et ses amis ?

LES TRIPOTEURS

« Ce matin, à sept heures (19 février 1883), M. **Richard,** commissaire « de police du quartier de l'Europe, assisté d'agents de la sûreté, a « procédé à l'arrestation du directeur du Crédit de France, du Crédit « de Paris, de la Banque romaine, de la Banque de dépôts et de crédit « de la Compagnie départementale des Vidanges et Engrais, et autres « Sociétés aussi malpropres que véreuses. »

« Il y a près d'un an, au mois d'avril 1882, le capitaine **Ambrosi,** des sapeurs-pompiers de Paris, avait dit publiquement dans une assemblée d'actionnaires :

« Il faut que les fripons, je dis bien les fripons, qui se couvrent du masque de la religion pour exploiter les honnêtes gens, soient connus de la justice. En conséquence, je prie Monsieur le président du conseil de vouloir bien demander à MM. les actionnaires s'ils sont d'avis qu'on traduise en police correctionnelle M. le sénateur **Baragnon.**

« Aujourd'hui c'est à quatre-vingts ou cent millions de francs qu'il faut fixer le chiffre du désastre causé par ce nouveau scandale financier..... »

Les prisons (maisons centrales et les bagnes) sont un frein qui arrête peu les monteurs de coups ; la liberté de la presse serait cent fois et mille fois plus efficace ; cela ne ferait pas l'affaire des classes dirigeantes qui n'ont qu'un but : diriger l'argent des classes laborieuses dans leurs caisses.

L'imparfaite loi du 29 juillet 1881 a permis à quelques journaux, entre autres au *Petit Parisien* du 23 janvier 1883, de faire connaître les parasites les plus dangereux de la société, dans lesquels on trouve les anciens avoués, avocats, notaires, huissiers, curés défroqués, mouchards en disgrâce, en un mot toute cette séquelle immonde qui n'a d'autre souci que de plumer les pauvres diables qui leur tombent sous leurs griffes, En abordant leur proie tout est miel, ils emprunteraient volontiers à M, Loyal sa formule doucereuse :

Que le ciel confonde qui vous veut nuire
Et vous soit favorable autant que je le désire !

Les escroqueries, les vols auxquels se livrent tous ces individus sont tellement divers et nombreux qu'il est impossible d'en donner une nomenclature même approximative. Si dans les dossiers que l'on a l'imprudence de leur confier, il y a quelques pièces importantes ou un papier dont la teneur ne demande pas de publicité, on voit à la page 55 de la présente brochure ce qu'ils sont capables d'en faire.

Les parasites du papier timbré, les plus dangereux, parlent devant les juges et sont écoutés ; représentant les gens non prévenus, et les représentant de telle façon que les infortunés sont condamnés infailliblement.

Cela leur rapporte gros ; les gens qui gagnent leurs procès à l'aide de ces ignominies donnent volontiers une bonne somme aux misérables qui servent leurs coupables manœuvres.

Est-ce par esprit de Conciliation, Forfaiture ou Prévarication

D'après ce que l'on a lu ou entendu sur le compte et la personnalité de **Pommier,** on peut s'étonner que les représentants de la justice, officiers ministériels ou experts comptables aient refusé de faire leur devoir contre **Pommier**, car si j'ai dû écrire à la Chambre des avoués contre Paul Duboys, j'ai dû prévenir le procureur de la République que **Louis Vimard**, expert comptable, ne voulait pas (comme le prescrivait le jugement du 22 avril 1879), que je me fasse accompagner, pour vérifier les écritures et la comptabilité de **Pommier**, par des conseils sans qu'il leur ait demandé s'ils étaient amis ou ennemis de **Pommier**, et l'un de ces derniers fut invité par cet expert à se retirer. Cette prétention de vouloir me forcer à me trouver en contact avec des hommes qui ont les goûts de Pommier, m'obligea le 12 avril 1883, de forcer **Louis Vimard** à me rendre toutes les pièces que je lui avais confiées et la provision que je lui avais donnée.

Plus que personne je respecte les représentants de la loi lorsqu'ils sont respectables, et je n'ai pas besoin d'entendre à chaque parole quelqu'un qui me dise : « Méfiez-vous, pesez vos paroles, vous êtes en face d'un mandataire de la justice ! » Si je respecte le mandataire honnête, certes, je ne vénèrerai jamais les Alphonses (avec ou sans parapluie) qui envoient leur femme ou leur fille solliciter pour qu'ils soient choisis de préférence lorsqu'il s'agit de classer une affaire importante, et je crois que tous les hommes de cœur auront un souverain mépris pour **le mandataire de la justice** qui, en entrant dans le cabinet d'un de ses confrères et sans s'inquiéter de l'impression qu'il allait causer à l'auditoire, lui dit : « Tu sais, tu me dois un procès ; fais ton rapport de façon que je gagne celui d'un tel ! ! ! » *(sic).*

Que l'on ne croie ni à l'imagination, ni à l'invraisemblable, le dossier lui fut remis séance tenante, pour qu'il fasse le rapport comme il l'entendait pour gagner ce procès. (Sur mes données, ces pièces furent achetées et serviraient de pièces de conviction.)

Est-ce assez clair, cela prouve-t-il assez que la magistrature et l'organisation judiciaire ont besoin d'être modifiées, si l'on veut que les justiciables ne soient plus à la merci d'une partie de cartes ou d'un coup de dé !

Je me suis peut-être trop étendu sur **Pommier** et ses souteneurs, je reviens aux actes du **Conservateur.**

Extrait d'une SOMMATION au CONSERVATEUR

« L'an 1878, le 15 mai, à la requête de M. Thébault, employé, demeurant à Paris, rue Bichat, n° 34.

« Je, Charles Devien, huissier près le Tribunal civil de première instance de la Seine séant à Paris, y demeurant, rue du Pont-Neuf, 35, soussigné.

« Me suis transporté à Paris, au siège de la Compagnie d'assurances sur la vie *le Conservateur* sis rue de la Chaussée-d'Antin, n° 57.

« A l'effet de: 1° sommer le directeur de ladite Compagnie d'assurances sur la vie, afin d'avoir à communiquer au requérant, les documents auxquels ce dernier a droit comme intéressé dans ladite Compagnie ainsi qu'il résulte à l'article 49 des statuts.

Art 49. — *Le Conservateur soumet au Conseil de surveillance toutes les fois qu'il en est requis, l'état de la comptabilité et de la situation des caisses, il communique sans déplacement aux intéressés qui en font la demande, tous les renseignements concernant la Société à laquelle ils appartiennent.*

2° Constater la nature des documents qui seront remis en communications au requérant.

« Le chef de la comptabilité, a apporté à M. Thébault deux registres, savoir :

« L'un portant l'indication des sommes versées par chaque assuré.

« Et l'autre, appelé carnets des rentes, qui seront délivrés à chaque assuré:

« M. Thébault a réclamé la communication d'autres pièces et registres, ceux remis ne pouvant servir à l'établissement de la situation de la Société et notamment la liste générale des assurés convoqués pour le 27 mai, présent mois.

« Sur cette demande, le chef de la comptabilité a dit: qu'il ne lui devait la communication d'aucune autre pièce que des deux registres ci-dessus et refusait d'après l'ordre du directeur de lui faire toutes autres communications.

« M. Thébault a protesté de la façon la plus énergique contre ce refus qui le met dans l'impossibilité de contrôler les opérations en ce qui le concerne contrairement à l'esprit de la loi

« De ce que dessus, j'ai dressé le présent procès-verbal de constat pour avoir et valoir ce que de droit.

« Coût : 12 francs 45 cent.

« Rayé deux mots nuls.

Signé: DEVIEN.

Extrait de la 2e SOMMATION et PROCÈS-VERBAL DE CONSTAT

« L'an 1878, le 15 mai, à la requête de M. François-Jean-Michel Thébault, demeurant à Paris, rue Bichat, n° 34, agissant en qualité de sociétaire de la Compagnie ci-après dénommée.

« J'ai, Charles Devien, huissier près le Tribunal civil de la Seine, séant à Paris, y demeurant, rue du Pont-Neuf, n° 35, soussigné.

« Signifié et déclaré à M. le Directeur de la Compagnie anonyme, le Conservateur, d'assurances sur la vie dont le siège est à Paris, rue de la Chaussée-d'Antin, n° 57, ou étant parlant à sa personne.

« Qu'en exécution de l'article 49 des statuts de la Compagnie, le requérant s'est déjà présenté plusieurs fois au siège de cette Société pour prendre communication des registres et documents concernant la Société à laquelle il appartient, et que chaque fois il éprouve un refus formel.

« Sommé de signer a refusé,

« Contre laquelle réponse, j'ai fait toutes protestations et réserves.

« Et j'ai au susnommé, laissé copie du présent sur une demi-feuille à 60 cent. Coût : 8 francs 80.

« Rayé un mot nul. »

Signé ; DEVIEN.

SIGNIFICATION des Procès-Verbaux de Constat

« L'an 1878, le 18 mai,

« A la requête de M. Thébault, employé, demeurant à Paris, rue Bichat, 34, élisant domicile en ma demeure,

« J'ai, Charles Devien, huissier près le Tribunal civil de la Seine, séant à Paris, y demeurant, rue du Pont-Neuf, 35, soussigné,

« Signifié, et en tête de celle des présentes laissé copie à M. le Directeur de la Compagnie d'assurances sur la vie le Conservateur, dont le siège est à Paris, rue de la Chaussée-d'Antin, n° 57, où étant, parlant à un employé de la Compagnie, ainsi déclaré.

« D'un procès-verbal de constat dressé par mon ministère, le quinze du mois courant, enregistré, et dont copie est donnée en tête de ces présentes,

« Afin qu'il n'en ignore, j'ai à M. le Directeur de ladite Compagnie, et parlant comme dessus, laissé copie du présent.

« Coût : neuf francs 55 centimes.

« Employé une demi-feuille de 60 centimes pour la copie. »

Signé : DEVIEN.

« *Enregistré à Paris, le 18 Mai 1878, reçu trois francs 75.*

Le 21 mai 1878, outre mes douze plaintes et les actes extrajudiciaires, j'avais fait paraître au journal des *Petites Affiches* qui, comme on le sait, est fort répandu, l'exposé ci-après :

AVIS AUX ACTIONNAIRES.

☞ 10560

ASSURÉS DU CONSERVATEUR.

« La Compagnie d'assurances sur la vie **le Conservateur** a convoqué ses assurés en assemblée générale pour le 29 avril 1878; le nombre trente, prescrit par les statuts, ne s'étant pas présenté, **une convocation a été fixée au 27 mai courant**, elle sera légalement constituée, quel que soit le nombre des personnes qui se présenteront; elle pourrait donc presque avoir lieu en petit comité.

« M. **Thébault**, ex-directeur de cette Compagnie, ayant voulu vérifier le travail et s'assurer que les erreurs contre lesquelles il avait toujours protesté, avait cessé de se reproduire et fondant son droit sur l'article 49 des statuts, a demandé communication des pièces et documents qui, conformément à la loi, doivent être à la disposition des assurés.

« Après plusieurs démarches et deux sommations par exploits de Me Devien; huissier à Paris, du 15 mai 1878, enregistrés, il a fini par obtenir une communication partielle, très restreinte, surtout incomplète, car il a éprouvé un refus formel à l'égard de diverses autres pièces indispensables à un contrôle sérieux, ce qui est constaté par un procès-verbal de constat dressé par le même huissier, le 18 mai 1878, enregistré.

« Ce refus, contraire aux statuts, engage M. **Thébault** à prier les assurés qui ont été convoqués pour les assemblées générales à vouloir bien lui adresser leur pouvoir notarié, rue Bichat, 34, à Paris, et en soutenant ses propres intérêts il sauvegardera forcément ceux des autres assurés.

THÉBAULT.

La protestation ci-dessus tout en étant restreinte, était suffisamment explicite ; le devoir de la justice était de faire mettre les scellés sur les livres d'une Compagnie qui aurait ainsi manqué aux prescriptions fondamentales de son autorisation.

L'impunité d'une quantité prodigieuse de plaintes rend **le Conservateur** peu soucieux des intérêts qui lui sont confiés et ce dans un but déterminé que j'indiquerai dans la troisième partie de cette brochure ; mais avant, je dois dire quelle fut la suite de mes douze plaintes : quelques questions, même pas une enquête superficielle.....

Est-ce assez pour arrêter le mal ou pour en faire naître un plus grand, c'est ce que je vais bientôt examiner.

Pour épouvanter ceux qui voudraient réclamer ou se venger d'avoir été obligé de donner quelques explications, **le Conservateur** me traduisit en police correctionnelle. Le 20 juin 1878, la 8e chambre, présidée par M. **Boulanger**, M. **Bertrand**, substitut, accorda une remise de neuf semaines au **Conservateur**; pendant ces neuf semaines **le Conservateur** me faisait demander si je voulais lui céder mes droits à la répartition, c'est pour cela sans doute qu'il avait demandé une remise de neuf semaines, il retirerait sa plainte et son placet. Le 22 août, **le Conservateur** fut débouté ; honteux et furieux de n'avoir obtenu ni condamnation, ni cession de ma répartition, il appela de ce jugement, malgré la spécialité d'un avocat audacieux, insolent et menteur, la Cour débouta **le Conservateur** et les juges semblèrent regretter de ne pas savoir ce que contenaient mes nombreuses copies de lettres, que j'avais étalées en face d'eux, seul moyen que la loi d'alors laissât à ma disposition.

Car à cette époque on était encore sous l'empire de la loi du 9 juin 1819, loi contre laquelle je me suis vertement élevé.

Le Conservateur, au contraire, aimait cette loi, car il traduisait en police correctionnelle quiconque voulait voir clair dans les répartitions attribuées aux assurés de cette triste Compagnie. Quelques employés disaient bien : les répartitions sont scandaleuses ; on cherchait, on apprenait que quelqu'un du **Conservateur** avait acheté les contrats des assurés qui n'y voyaient pas plus loin que le bout de leur nez et, par ce fait, on pouvait attribuer une grasse répartition sur leurs comptes ; si la commission s'en était aperçue, on lui aurait dit : « Si les administrateurs et le conseil de surveillance ont fixé cette répartition, c'est qu'ils croyaient qu'elle était due. Ces braves gens n'ont pas d'intérêt à donner à l'un plus qu'à l'autre. »

C'est peut-être cet intérêt et cette irrégularité qui fait que l'on a refusé de me dire ce qui m'a été attribué dans la réserve de survie de 1878. On me croyait à la discrétion de la Compagnie, on m'avait fait faire des propositions de rachat. Cette Compagnie avait obtenu un jugement auquel je n'avais pu assister et elle avait aidé à me faire mettre dans l'impossibilité de soutenir mes droits ; ce jugement accordait au **Conservateur** 8,124 fr. 92 c.

Par le certificat ci-après, on va voir quel était le bien fondé de la demande de ce jugement rendu au profit du **Conservateur**, c'est ce qui confirme que la prescriptiou et la force de la chose jugée sont des articles de loi immoraux qui engendre le crime, le vice et les surprises et trop souvent permettent aux vils coquins de s'emparer de la fortune d'autrui.

J. MAUCOMBLE
Avoué de 1re instance
Successr de Me COTTREAU
11, rue Laffite

Paris, le 17 juin 1879.

MAUCOMBLE
AVOUÉ

« Je certifie que suivant procès-verbal de Rozé, huissier à Paris, en date du 30 mars 1870, M. Thébault, demeurant alors à Lyon, rue de l'Impératrice, nº 93, a fait offres réelles à M. Desbouillons, directeur du *Conservateur*, de la somme de dix mille deux cent-trente-deux francs cinquante centimes en espèces, et neuf cent-vingt-neuf francs quatre-vingt-seize centimes en vingt-trois quittances impayées, et que ces offres ont été acceptées.

« En foi de quoi je lui ai délivré le présent certificat pour lui servir et valoir ce que de droit, à défaut dudit procès-verbal d'offres que M. Thébault m'a déclaré avoir adhéré pendant sa détention. »

Signé : MAUCOMBLE.

MAUCOMBLE
AVOUÉ

EST-CE LÉGALEMENT OU ILLÉGALEMENT

Que le CONSERVATEUR perçoit immédiatement la totalité des droits de gestion des assurances qu'il fait réaliser.

Pour prélever plus facilement la totalité des droits de gestion à la signature des contrats, **le Conservateur** a fait imprimer sur ses polices des conditions particulières ainsi conçues :

Il est bien entendu que le dernier § de l'article 51 des statuts se rattachant au dernier § de l'article 8 ne concerne pas la présente assurance, par conséquent la totatité des droits de commission est exigible au moment de la signature de la présente police, et ces droits demeurent irrévocablement acquis à la Compagnie, alors même que pour une cause quelconque le souscripteur ne donnerait pas d'autres suites au présent engagement.

Selon moi ce fratras est nul. **Le Conservateur** doit exécuter les statuts à la lettre, décision de la Cour de cassation dû 16 juillet 1838.

Les deux tiers des souscripteurs harcelés par les agents, et pour se débarasser d'eux, consentent à faire un contrat, mais ne versent rien du tout, ils font un billet, et les trois quarts du temps ils croyent que c'est pour la première annuité, pendant que ce n'est que pour les droits de gestion; quantités de jugements sont la preuve de ce que je viens de dire.

Le Conservateur prétend-t-il que ces polices sont des contrats synallagmatiques; dans ce cas, il devrait obliger les souscripteurs à verser leurs primes annuelles, tandis qu'il fait au contraire tout ce qu'il peut pour les faire tomber en déchéance, ainsi que le prouve le § d'une de mes lettres du 8 juillet 1868, transcrite à la page 12 de la présente brochure.

LES CONDAMNATIONS DU CONSERVATEUR

Les jugements du Tribunal de commerce, de Justice de paix, du Tribunal de première instance, ont débouté **le Conservateur** et l'ont condamné aux dépens dans les conditions suivantes :

Les souscripteurs **Crotté, Vermorel** et **Langlois** ayant refusé de donner suite à des assurances qu'ils avaient faites avec mes agents, le Tribunal de commerce de Lyon, la Justice de paix de Villefranche et le Tribunal de première instance de Villefranche, rendirent des jugements par des attendus et des considérants dont un seul suffirait pour faire justice des théories du **Conservateur.**

« Attendu, en droit, qu'il est interdit aux Sociétés anonymes de déroger par des conventions particulières aux stipulations de leurs statuts qui ont pour objet l'ordre public et l'intérêt des tiers (Cassation, 16 juillet 1838).

« Considérant dès lors que, d'après l'article 51 des statuts de ladite Compagnie dont il est parlé, les droits de commission ne peuvent être perçus qu'au moment de chaque versement annuel.

« Par ces motifs, déboute *le Conservateur* dans sa demande et le condamne aux dépens, etc., etc. »

Sur les instances que je fis auprès de la Compagnie **le Conservateur** pour qu'elle appelât de ce jugement et qu'elle obtînt le paiement des 5 % des souscriptions des sieurs **Crotté, Vermorel** et **Langlois,** le directeur général, M. **Desbouillons,** me dit : « Je me garderai bien de provoquer une enquête, **le Conservateur** est autorisé à prélever 5 % sur **chaque versement annuel,** et comme ses souscripteurs n'ont rien versé dans la Caisse des associations, ils ne doivent rien pour les droits de gestion, puisque nous n'avons rien eu à gérer et ne gérons rien en leur nom.

« Jusqu'à ce jour, pour éviter d'avoir recours à des banquiers qui nous auraient écorchés *(sic)* pour nous avancer de quoi escompter la commission aux courtiers, nous avons fait comme **la Nationale.** Pour sa tontine, on ne lui a point interdit de prélever immédiatement les 5 % cumulés; nous faisons de même. En cas de contestation, quand un jugement nous est favorable, tant mieux ; s'il ne l'est pas, nous en restons là, sans ébruiter notre déception. C'est pour ces motifs que les billets sont faits au nom des agents généraux ; aux yeux des tribunaux la Compagnie n'y est pour rien (1). »

EXTRAIT DE LA LETTRE DE M. JAYBERT

A M. DESBOUILLONS, DIRECTEUR DU « CONSERVATEUR »

Mirepoix, le 24 septembre 1867.

Mon cher Directeur,

« Je viens de lire les jugements que vous m'avez adressés et les conclusions qui les accompagnaient. D'abord je vous signale ceci : c'est que si vous voulez dégager la Compagnie, *et je crois qu'il le faut,* votre agent à Lyon, qui a seul figuré dans ces instances, doit réitérer les appels en son nom personnel, en se désistant de ceux faits au nom du *Conservateur*.

« L'un des appels contient une irrégularité qui pourrait bien le faire annuler, car il dénonce l'appel à Geoffroy et il assigne Crotté.

« Enfin, dans les conclusions en rejet d'appel, au nom de Vermorel, on signale une lettre émanant de la Compagnie, en date du 24 juillet dernier, par laquelle lettre la Compagnie offre d'acquitter le montant des condamnations, ce qui équivaudrait à un désistement.

« Pour me mettre à même de faire les conclusions

---

(1) Eh bien ! que dit de cela l'avocat **Carré** lui qui annonçait si haut le 23 mars 1882, devant la Cour correctionnelle du département de la Seine, comme il l'avait fait devant le tribunal d'Epernay, que **le Conservateur** n'avait eu connaissance que d'un jugement de justice de paix et encore lorsqu'il y avait force de chose jugée et la lettre ci-après, M. **Carré,** va-t-elle vous convaincre que **le Conservateur** vous fait affirmer comme vraies des choses erronées. Lisez donc cette lettre, vous reconnaîtrez la vérité.

Je serais curieux de savoir quelle théorie et quel argument logique le sieur **Carré** pourrait employer pour dire que les sommes perçues par **le Conservateur** lui sont légalement acquises lorsque les souscripteurs n'ont pas donné suite à leur engagement ; et le nombre est de plus de la moitié.

que demande l'avoué, il faut que M. Dominé ait la bonté de me faire une petite note sur les articles cités dans le jugement.

« Que cette note explique la marche de la Société au point de vue de la constitution de chaque Société décennale ou autre, et de l'avoir à donner aux participants.

« Il faut aussi copie de cette lettre du 24 juillet, afin d'en apprécier la portée. »

Signé : LÉON JAYBERT,
Avocat.

Tant que j'avais cru à la loyauté des opérations du **Conservateur,** je lui avais donné un concours dévoué et producteur, je recueillais et faisais recueillir un nombre d'assurances extraordinaire; mais dès que je me suis aperçu que tout ne se passait pas aussi loyalement que l'on me l'avait toujours dit, je me suis trouvé pour ainsi dire paralysé et indigné d'avoir aidé à tromper les personnes qui m'avaient honoré de leur confiance. Je protestai vertement et sommai **le Conservateur** d'avoir à restituer des sommes qu'il n'aurait jamais dû encaisser, car cette Compagnie ne se contente pas de prélever de suite des droits de gestion, ainsi que l'ont jugé divers tribunaux, elle frappe de forclusion les souscripteurs qui ont rempli les formalités pour avoir droit au partage. Que peuvent les récriminations d'un souscripteur qui les trois quarts du temps ne connaît pas le premier mot de la procédure.

A quoi ont abouti mes protestations, mes plaintes, mes actes extrajudiciaires, mes demandes devant les tribunaux. **Le Conservateur** jusqu'ici s'est ri de moi et a gardé mon argent. Voilà ce que je viens faire apprécier par l'opinion publique. C'est le droit que la loi du 29 juillet 1881 m'accorde, et j'en use.

Je dis donc que les indélicatesses du Conservateur me déçurent.

Ces déceptions me donnèrent l'idée d'étudier les principes et ce qu'avaient fait les assurances tontinières; lorsque j'eus la certitude que presque toutes les opérations avaient été illégales, je ne voulus plus m'en occuper et je mets au défi qui que ce soit de dire que l'on m'a entendu conseiller à quelqu'un de prendre ou de s'engager dans une tontine, et tous les hommes de cœur seront comme moi lorsqu'ils sauront que, le 24 décembre 1850, le Conseil d'Etat ayant nommé seize comptables, le Ministre seize inspecteurs des finances, tous hommes aptes à connaître les fautes en comptabilité, ces hommes retors et intègres déposèrent, le 24 janvier 1851, un rapport qui amena l'arrestation de presque tous les directeurs des tontinières.

On croira peut-être que si **le Conservateur** résista, c'est qu'il faisait mieux que les autres tontines, lorsque se produisit l'enquête ministérielle. **Le Conservateur** n'avait fait que quelques souscriptions, pas une répartition n'était arrivée à son terme, mais depuis il a fait ce qu'aucune Compagnie jusque-là n'avait osé faire, car il constitua une Société anonyme pour acheter à vil prix les contrats des souscripteurs et ainsi pour dépouiller les personnes trop crédules qui avaient eu confiance en lui et l'avaient payé, lui **Conservateur,** pour soutenir leurs intérêts.

TROISIÈME PARTIE

En dévoilant ici de tristes vérités
Je vengerai ma famille et de pauvres exploités.
F. T.

UNE BANDE

DANS LAQUELLE ON TROUVE MAINTS

AVOUÉS, AVOCATS ET NOTAIRES

S'EST

CONSTITUÉE EN SOCIÉTÉ ANONYME

Cette création et l'exploitation ont-elles pour but de protéger la veuve et l'orphelin? de défendre *inguibus et rostro* les intérêts de ceux dont ils sont les mandataires salariés? Ne serait-ce pas plutôt un masque adopté par ces officiers ministériels pour exploiter plus facilement l'ignorance et les incapacités de ceux dont ils affectent et font offrir de prendre la cause en mains?

C'est ce que je me propose d'examiner dans cette troisième partie. L'heure tant attendue vient de sonner où beaucoup de hauts filous commencent à craindre que le règne de l'escroquerie fasse place à celui de l'équité.

Il y a beaucoup d'individus qui sont contrariés que, le 30 septembre 1881, M. TONY RÉVILLON, député de Paris, ait présidé une assemblée où l'on soumettait à l'opinion publique, ce juge impartial et sans prévarication, les causes claires en droit et simples en fait qu'ils auraient fait indéfiniment rester pendantes devant les tribunaux ordinaires.

Tout en rendant pleinement hommage à l'énergie et aux bonnes intentions du député de Paris, j'estime que le temps des critiques générales est passé et qu'il convient de prendre des « espèces », comme ils disent au Palais, pour les offrir au public, en exemples frappants des iniquités juridiques et légales encore possibles dans ce monde que l'on dit civilisé.

C'est pourquoi je ne dénonce pas seulement dans cet ouvrage à l'opinion publique les atrocités morales et matérielles que dévoilaient ma brochure de la *Réforme de la Magistrature*, mais, usant du droit que me confère la loi du 29 juillet 1881, j'offre de prouver devant les juges compétents la basse complicité et la criminalité de gens qui jouissent encore aujourd'hui d'une considération qui ne devrait être la récompense que de l'honnêteté.

J'espère qu'après avoir pris connaissance des documents irréfutables, qui formeront la base de cet ouvrage, les autorités compétentes n'attendront pas que l'opinion publique le mettent en demeure de sévir contre les coupables que je vais clouer au pilori.

Il y a encore en France des juges qui ne sauraient être suspectés de pactiser avec le crime : c'est à ceux-là que je m'en remets du soin de faire justice.

Le 21 mai 1879, on lisait à la 8e et à la 9e page des *Affiches parisiennes*, sous la rubrique : *Formation de sociétés* :

☞ 30

SOCIÉTÉ ANONYME

DITE

CAISSE GÉNÉRALE DES PRÊTS ET AVANCES

AUX ASSURÉS SUR LA VIE

EXTRAIT DES STATUTS.

« Suivant acte sous signatures privées en date à Paris du seize janvier mil huit cent soixante-dix-sept et dont l'un des originaux porte cette mention :

« Enregistré à Neuilly, le treize décembre mil huit cent soixante-dix-huit, folio 93 recto, cases 2 et suivantes ; reçu trois francs décime, soixante-quinze centimes;

Signé : BRUNET.

« Il a été formé une Société anonyme, désignée sous la dénomination de :

Caisse générale des prêts et avances aux assurés sur la vie

« Elle a pour objet l'avance et le prêt sur contrats d'assurances de toute nature, achats desdits contrats de nu-propriétés, d'usufruits, de rentes viagères, etc.;

« Le siègé social est à Paris, rue du Bouloi, Galerie Véro-Dodat, numéro 33 ;

« Le fonds social en numéraire est fixé à cinq cent mille francs ;

« La Société est administrée par un Conseil composé de six membres, nommés par l'assemblée générale des actionnaires et qui peuvent être révoqués par elle ; toutefois, les premiers administrateurs sont les cinq fondateurs dont la nomination ne sera pas soumise à l'assemblée générale :

« 1° M. Jean-Jacques **Azema,** propriétaire, demeurant à Charenton (Seine), route de Saint-Mandé, n° 31 ;

2° M. Emery-César **Pingrez,** propriétaire, demeurant à Paris, rue d'Amsterdam, n° 13 ;

« 3° M. Numa **Bonnet,** pharmacien, demeurant à Paris, rue des Marais, n° 70 ;

« 4° M. Charles **Nolot,** négociant, demeurant à Paris, rue de la Reine-Blanche, n° 15 ;

« 5° Et M. Charles-Noël **Chapon,** négociant, demeurant à Paris, rue Bertin-Poirée, n° 17.

« L'assemblée a statué sur la nomination du sixième membre :

« Il a été constitué un fonds de réserve composé d'un vingtième au moins des bénéfices annuels ;

« La durée de la Société a été fixée à cinquante années, à compter du jour de sa constitution définitive ;

« Une copie des statuts est demeurée annexée à la minute de la déclaration de souscription et de versement ci-après énoncée :

II.

Extrait de la déclaration des fondateurs.

« Suivant acte reçu par Me Taupin, notaire à Clichy (Seine), le trente novembre mil huit cent soixante-dix-huit ;

« Les fondateurs de la Société ont déclaré que le capital était intégralement souscrit et le quart de chaque action versé ;

« Ils ont représenté, pour l'annexer à cet acte, une pièce contenant la liste nominative des souscripteurs et l'état des versements opérés.

III.

Extrait des délibérations de l'assemblée générale.

« Suivant délibération en date du vingt-trois décembre mil huit cent soixante-dix-huit, l'assemblée générale, après avoir pris connaissance : 1° de l'acte de la Société ; 2° de la délibération des fondateurs ; 3° de la liste de souscription et de l'état des versements.

« A déclaré reconnaître et constater la sincérité de la déclaration faite par les fondateurs.

« La même assemblée a nommé pour sixième administrateur M. Philippe-Maximilien-Eugène **Marchand**, rentier, demeurant à Paris, rue Béranger, n° 25, et pour commissaire M. le comte **de Bougars**, propriétaire à Paris, boulevard de Latour-Maubourg.

« Les administrateurs nommés par les statuts et l'administrateur et le commissaire nommés par l'assemblée, ont déclaré accepter leurs fonctions.

« En conséquence, la Société s'est trouvée définitivement constituée.

« Une copie de ladite délibération est demeurée annexée à la minute d'un acte qui en a constaté le dépôt, reçu par M° Taupin, notaire à Clichy (Seine), le dix janvier mil huit cent soixante-dix-neuf, enregistré.

« Expéditions de tous les actes sus-énoncés et de leurs annexes ont été déposés, le vingt janvier mil huit cent soixante-dix-neuf, au greffe du tribunal de commerce de la Seine et au greffe de la justice de paix du premier arrondissement de Paris, le tout conformément à la loi.

« TAUPIN. »

Le Conservateur ne s'arrêta pas là. Le 25 juillet 1881, il réunissait l'assemblée générale de cette belle Société la **Caisse générale**

des Prêts et ils avaient l'audace de faire sténographier le compte rendu de ses opérations.....

Les procédés employés, et qu'indique la reproduction de la sténographie, est la conséquence du lucre et de manœuvres qui prouvent que les gens les plus habiles ne songent pas à tout et ces hommes oublient que l'honnêteté est toujours en tout cas, quoi qu'il arrive, la plus grande des habileté.

CAISSE GÉNÉRALE DES PRÊTS
ET
AVANCES AUX ASSURÉS SUR LA VIE

SOCIÉTÉ ANONYME, AU CAPITAL DE **500,000** FRANCS

33, rue de Bouloi et passage Vero-Dodat, 33

Directeur : M. ANTOINE PIETRI, ex-secrétaire de la Compagnie

Le Conservateur

Les assurés sur la vie sont tellement nombreux en tous pays, qu'il semble, de prime-abord, qu'une Société portant le titre ci-dessus doit intéresser tout le monde.

C'est sans doute pour cette raison qu'un journal bien informé, l'*Assemblée générale*, 15, rue Grange-Batelière, publie, dans son numéro du 3 août, le compte rendu sténographique de l'assemblée tenue par la Caisse de PRÊTS ET AVANCES aux assurés.

Ce journal, sous la rubrique « Notes sur les Assemblées générales », fait précéder son compte rendu d'un article dont nous extrayons les principaux passages :

NOTES SUR LES ASSEMBLÉES GÉNÉRALES

Nous publions aujourd'hui trois comptes rendus sur lesquels nous sommes, en vérité, très embarrassé d'instruire.

Ce sont, en effet, des affaires qui disent elles-mêmes ce qu'elles sont par leur titre et dont l'avenir apparaît aux yeux sous de brillantes couleurs, pourvu toutefois que l'administration en soit sage, et que rien de capital ne vienne arrêter dans leurs efforts ceux qui tiennent ce qu'on appelle vulgairement la queue de la poêle.

L'une de ces affaires est la *Caisse générale de Prêts et Avances aux assurés sur la vie*, Société anonyme au capital de 500,000 francs, qui, à la tête de son Conseil d'administration, a un homme parfaitement intègre et d'une rare justesse de vues.

Le bilan et les comptes que nous publions au cours de notre compte rendu accusent pour le dernier exercice un bénéfice qui permet de distribuer aux actionnaires un dividende de 15 0/0.

Qu'on se le dise! 15 0/0, voilà ce qui s'appelle un dividende; parlez-moi de cela!

Nous voudrions bien avoir, une fois pour toutes les cent fois, à enregistrer de semblables résultats. Hélas! vœux superflus! Peut-être qu'en disant que le fait se produit une fois sur mille, nous serions plus près de compte.

Suivent des éloges justifiés sans doute par ces beaux dividendes; puis viennent ces restrictions :

La joie que nous éprouvons à enregistrer un semblable succès serait pure et sans mélange, si une phrase du rapport ne venait tinter à notre esprit COMME UNE MANIÈRE DE GLAS. Ce mot est peut-être un peu lugubre, jeté au milieu de gens qui viennent de se réjouir en chœur, au son d'une cloche d'or.

Qu'est-ce que cela peut bien signifier?

Au fait, il faut que je commence par vous lire la phrase; la voici : *Si nos affaires se développaient plus facilement, etc., etc.*

Il n'y a là rien de bien extraordinaire; mais, plus loin, le président, au cours de la discussion d'une question d'intérieur assez importante, ma foi, insiste de nouveau sur cette phrase. *Tout le monde* a eu l'air de comprendre; tout le monde a sans doute compris, *excepté nous.*

Cette phrase et ce bout de discussion feraient sans doute pressentir, si ce n'était en opposition avec les résultats acquis, quelque chose comme UNE MORT PROCHAINE, mais une bonne mort, — comme qui dirait un suicide légal.

Qu'est-ce que cela peut bien signifier?

Il faudra que nous nous renseignions et que nous vous disions ce qui en est.

On lit dans le *Scrutateur financier* du 24 août 1882 :

Pour répondre à cette question de notre confrère, « Qu'est-ce que cela peut bien signifier? » pour lui épargner des recherches qui n'aboutiraient certainement pas, ainsi que pour lui faire au moins entrevoir ce que « tout le monde, excepté lui, a l'air de comprendre », et ce qu'en effet, sinon tout le monde, au moins la moitié de l'assemblée a parfaitement compris, nous reproduisons son compte rendu, en le commentant et en y intercalant un incident, négligé par le sténographe, sans doute parce qu'il s'est produit sur une motion votée, mais qui a certainement son importance :

On pourrait croire que je vais m'étendre trop longuement sur le rapport de l'assemblée générale qui va suivre. Tous les détails sont indispensables pour faire connaître d'une manière irréfutable que les instigateurs, les fondateurs, le Président, les scrutateurs, les actionnaires présents à l'assemblée générale de la Société des prêts aux assurés étaient actionnaires, administrateurs, directeur ou employé du **Conservateur**. Ces détails démontreront que, si les tribunaux correctionnels sont quelquefois clairvoyants, la Cour correctionnelle de Paris a fait exception dans les audiences des 21, 22 et 23 mars 1882, lorsqu'elle dit qu'elle ne voit pas qu'il y ait corrélation d'intérêts entre **le Conservateur** et les fondateurs ou actionnaires de la CAISSE DES PRÊTS; pourtant, cela est très visible et nul doute ne peut exister.

Assemblée générale du 25 juillet 1881

Sous la présidence de M. Crétey, ex-notaire, président du Conseil d'administration.

Le Président. — Messieurs, la séance est ouverte.

Nous allons d'abord composer le bureau, en appelant aux fonctions de scrutateurs les deux plus forts actionnaires présents.

Ce sont MM. BOUCHEROT, directeur du **Conservateur**, et GAVIGNOT, avoué à la Cour d'appel.

(Ces deux messieurs acceptent les fonctions qui leur sont offertes et prennent place au bureau.)

. . . .

Nous ne nous expliquons que difficilement l'acceptation de M. BOUCHEROT, qui a été, nous le savons, un des plus forts actionnaires, mais qui ne figure plus maintenant sur la feuille de présence que comme propriétaire de cinq actions.

Nous lisons, il est vrai, sur cette même feuille : *La Compagnie* **le Conservateur** *cinquante actions.*

Qu'est-ce que ce souscripteur?

Sont-ce les assurés de cette Compagnie?

Sont-ce les actionnaires?

Est-ce le Conseil d'administration?

Qui a versé les fonds?

L'article 2 des statuts de cette Compagnie dit : *Elle* s'interdit toute opération qui n'a point pour objet la formation ou l'administration d'assurances mutuelles sur la vie. *Elle* a donc, en souscrivant des actions, violé ses statuts! mais qui, *Elle?*

Nous voyons encore sur cette feuille de présence :

MM. Chapon, conseiller de surveillance de la Ce **le Conservateur** 31 actions Caisse des Prêts.

Bauche, conseiller de surveillance de la Ce **le Conservateur,** 30 actions Caisse des Prêts.

Nolot, conseiller de surveillance de la Ce **le Conservateur,** 26 actions, Caisse des Prêts.

Duboys, avoué, administrateur de la Ce **le Conservateur,** 15 actions, Caisse des Prêts.

Arrighi, avocat, conseiller judiciaire de la Ce **le Conservateur,** 25 actions, Caisse des Prêts (1).

Trapes, avocat, administrateur de la Ce **le Conservateur,** 10 actions, Caisse des Prêts.

Taupin, notaire, ancien conseiller de surveillance de la Ce **le Conservateur,** 20 actions, Caisse des Prêts.

Boucherot, directeur de la Ce **le Conservateur,** 27 actions, Caisse des Prêts (2).

Piétri, ex-secrétaire de la Ce **le Conservateur,** 50 actions, Caisse des Prêts, etc.

Nous voilà déjà en présence de plus de 200 actions souscrites par des personnes attachées à divers titres à la Ce **le Conservateur**; en cherchant bien, nous en trouverions peut-être le double, mais tout cela ne nous dit pas quel est le souscripteur de 50 actions qui se cache sous ce nom : « Ce **le Conservateur** ». Si seulement cet étrange souscripteur, qui n'a pas même d'existence légale, se tenait *coi,* on lui passerait bien des choses; mais non! il se présente sans cesse sous les traits d'un grand jaune à l'œil verdâtre, qui cause, qui cause, qui cause, comme on dit vulgairement, il n'y en a que pour lui..... Il faut dire que ces réunions n'ayant rien de bien amusant, la note gaie n'est pas à dédaigner; or, quelque chose de jaune qui gesticule en disant à chaque phrase : « conséquemment, conséquemment », et qui dans la crainte, sans doute, d'être pris pour un séraphin à cause du mouvement de ses ailes, a dit : « Pour l'appuyer, Messieurs, je prendrai des arguments naturels, » nous semble très drôle.

Quoi qu'il en soit, nous supposons au moins que M. Boucherot, pour représenter son étrange mandat, était muni d'un pouvoir en règle; qu'il a signé pour lui la feuille de présence, et nous le renvoyons alors à l'article 40 de la loi du 24 juillet 1867.

(**Le Président** consulte le bureau pour la désignation d'un secrétaire; M. Ressiguier est alors nommé auxdites fonctions et prend également place au bureau.)

---

(1) En a vendu 20.
(2) En a vendu 22.

Le Président. — D'après la feuille de présence que j'ai sous les yeux, 401 actions sur 1,000 composant le capital social, sont représentées à cette assemblée.

Nous sommes donc en nombre plus que suffisant pour tenir une assemblée pour laquelle le quart seulement des actions sociales est nécessaire aux termes de nos statuts: je déclare en conséquence l'assemblée régulièrement constituée.

L'avis de convocation à la présente assemblée a été inséré dans le numéro du 9 juillet du journal les *Affiches parisiennes.*

Toutes les formalités légales et statutaires ayant été remplies, je donne la parole à M. Bauche, pour la lecture du rapport du conseil d'administration.

M. Bauche, conseiller de surveillance de la Ce **le Conservateur ;**

MESSIEURS,

Nous vous avons convoqués en assemblée générale annuelle aux termes de l'article 22 de vos statuts.

Nous avons à vous rendre compte des opérations réalisées par la Compagnie jusqu'au 30 juin 1881, et à présenter à votre approbation les comptes du 2e exercice.

Le total de nos opérations se chiffre par une somme de 77,465 fr. 60 c. *Elle se compose d'achats de contrats* qui se décomposent ainsi :

1° Répartition 1880 :				
Polices de survie.......... F.	30.026	15		
POLICE DE CONTRE-ASSURANCES	**9.916**	**95**		
			39.334	»»
2° Répartition 1881 :				
Polices de survie.............	12.028	20		
Polices de contre-assurances..	10.235	55		
			22.263	75
3° Répartition 1882 :				
Polices de survie............................			5.858	60
4° Répartition 1883 :				
Police de survie............................			9.400	25
Somme égale Fr..............			77.465	60

Cet ensemble d'opérations nous donne un bénéfice total de 15,603 fr. décomposé comme suit :

Pour la répartition de survie	1880...........	7.073	15
— CONTRE-ASSURANCE	**1880**..............	**5.007**	**90**
— survie	1881............	945	35
— contre-assurance	1881............	1.186	95
— survie	1882............	457	»»
— —	1883............	932	65
	Fr......	15.603	»»

A cette somme s'ajoutent :

1° La plus-value résultant des bénéfices définitifs de la répartition de survie de 1880.. 7.168 60

2° LA PLUS-VALUE RÉSULTANT DES BÉNÉFICES DÉFINITIFS DE LA RÉPARTITION DE CONTRE-ASSURANCE 1880. **22.299 65**

3° Les plus-values proportionnelles sur les contrats des répartitions 1881-1882 et 1883, achetés pendant l'exercice 1879-80.. 5.842 10

Ensemble........ Fr. 50.913 35

Si à ce chiffre, nous ajoutons :

1° L'excédent du dernier exercice, soit..........	2.214	»»
2° Pour intérêts et arrérages..................	1.235	60
Nous obtenons un total de.................. Fr.	54.362	95
Duquel il faut déduire :		
Pour frais généraux, commission aux agents et courtage d'agents de change..................	19.662	95
Bénéfices nets Fr.	34.700	»»

Nous vous donnons connaissance du bilan au 30 juin 1881.

Les frais de premier établissement étant amortis, le conseil d'administration vous propose de répartir les bénéfices de l'exercice 1880-1881 de la manière suivante :

1° 5 0/0 du bénéfice net pour constituer la réserve statutaire..................	1.735	»»
2° 5 0/0 du capital versé pour le service des intérêts des actions..................	6.250	»»
Il reste une somme de 26,715 fr. à répartir comme suit :		
10 0/0 du capital versé pour les service du dividende	12.500	»»
20 0/0 au conseil d'administration..................	5.343	»»
Il reste un excédent de.........	8.872	»»
Somme égale...	34.700	»»

Ces 8,872 fr. seront répartis de la manière suivante :		
5 0/0 du bénéfice net seront ajoutés à la réserve statutaire, soit..................	1.735	»»
Le surplus sera affecté à un fonds de prévoyance, soit	7.137	»»
Somme égale..........	8.872	»»

. . . .

Ce qui précède nous démontre que la « Caisse générale des **Prêts aux assurés sur la vie** » n'a rien, oh ! mais absolument rien prêté aux assurés, et qu'elle s'est bornée aux achats de contrats « de survie et contre-assurance, répartitions 1880, 81, 82, 83 ; » qui tous paraissent appartenir à une même Compagnie.

Quelle peut donc être la Compagnie qui ne fait que des contrats de survie et contre-assurance?

Quels peuvent donc être les directeurs et administrateurs assez peu soucieux des intérêts de leurs clients pour **laisser** une autre Compagnie racheter **9.916 65,** des contrats qui valent **27.307 55.**

Car enfin nous avons lu :

Bénéfices « contre-assurance 1880. »................	**5.007**	**90**
Plus-value résultant des bénéfices définitifs de la répartition de contre-assurance..................	**22.299**	**55**
Total des bénéfices..................	**27.307**	**55**

Nous disons bien : **vingt-sept mille trois cent sept francs cinquante-cinq centimes.**

On comprend très bien, si mal qu'on sache calculer, qu'une compagnie qui débourse 9,916 fr. 65 c. pour en gagner 27,307 fr. 55 c., donne 10 et même 15 0/0 à ses actionnaires, n'est-ce pas, chers lecteurs?

Mais je calcule si mal que je voudrais vous voir refaire vous-mêmes ce compte.

Ne trouvez-vous pas près de 60 0/0? Alors, qu'on donne 15 0/0 aux actionnaires! oui!

Mais qu'on s'appelle « Caisse des **Prêts** et **Avances** aux assurés », non!

Il me semble par exemple que « assurés aux avances et prêts des caisses, » tout en ne disant rien, indiquerait au moins dans quel sens est faite l'opération.

Ce qui paraît difficile à comprendre, c'est l'ignorance des directeurs. gérants, administrateurs ou conseillers de surveillance de cette Compagnie qui **laisse** ainsi depuis plus de deux ans racheter ses contrats à 60 0/0 au-dessous de leur valeur sans s'émouvoir.

Quoi, messieurs, de braves assurés vous paient grassement pour gérer au mieux de leurs intérêts, les fonds qu'ils vous confient; et vous ne voyez pas ce qui se passe à vos côtés!

Et vous, agents, qui chaque jour êtes en contact avec vos clients, vous ignorez qu'on vient de payer 30 francs à celui-ci ce qui en vaut 100!

Que ce client va crier partout que les résultats donnés par votre Compagnie sont nuls; à peine le tiers de ce qu'ils devaient être : de ce qu'ils sont réellement.

Que pour vous, enfin, **c'est la mort!** Et vous, actionnaires de cette Compagnie, qu'est-ce pour vous, sinon aussi la *mort?*

Et pourtant cette Caisse des prêts exerce depuis plus de deux ans, publie ses bilans.

Que vous reste-t-il à faire, aujourd'hui que vous êtes prévenus, braves actionnaires? Allez-vous essayer de céder vos actions à vos voisins, vos parents, vos amis, pour les ruiner avec connaissance de cause? Allez-vous simplement attendre la ruine pour vous, ou couper le mal à sa racine? Vous avez le choix; consultez vos intérêts et votre conscience.

Assurés, agents, actionnaires, je vous le dis en vérité, si ceux que vous payez pour diriger vos intérêts ignorent ce qui se passe, c'est... de l'incurie sans nom!

S'ils le savent et n'y remédient pas, ce sont de grands coupables.

S'ils y prêtaient la main..., cela n'est pas supposable..., mais enfin si cela était... ce serait, ma foi, ce ne serait plus notre affaire, mais, pensons-nous, celle du parquet.

A ce propos, un ami nous disait : « Renseignez-vous donc sur une condamnation à six mois de prison, 1,000 francs d'amende et restitution d'une dizaine de mille francs, qui a dû être prononcée le 4 août par le Tribunal de Provins. » . . . .

. . . .

Nous nous sommes, il est vrai, bien des fois demandé s'il existait sur terre des gens assez niais pour vendre avec connaissance de cause 30 francs ce qui en vaut 100. S'il n'y avait pas là-dessous quelque machination, quelque *truc*, qu'il serait bon de dévoiler; mais nous pensons, en somme, que ce n'est pas là notre affaire. Le brocanteur n'achète bien que 15 francs l'habit qui nous en coûte 150! A nous de ne pas le vendre!

Il faut dire pourtant que l'habit est d'occasion, tandis que le coupon de rente, lui, n'est jamais d'occasion.....

Continuons d'écouter le rapport de M. Bauche :

Nous sommes heureux, messieurs, de pouvoir vous présenter de semblables résultats.

L'année dernière, vous avez touché 10 0/0, cette année nous vous offrons 15 0/0. Si nos affaires se développaient plus facilement, vous pourriez espérer un rendement encore plus élevé.

Aussi nous faisons appel au concours de chacun de vous; faites connaître notre Société, recommandez-là, et aidez-nous à augmenter le nombre de ses opérations.

Nous n'avons pas à vous présenter cette année la nomination d'administrateurs.

Vous allez entendre le rapport de votre commissaire de surveillance, et nous soumettrons ensuite à votre approbation les résolutions comprises dans votre ordre du jour.

Nous vous proposons de renouveler à M. Bongars, son mandat.

Si vous approuvez nos propositions, votre situation sera la suivante :

Votre capital de 125,000 francs est intact.

Votre réserve légale s'élève à 5.736
Votre réserve de prévoyance à 7.137

Vous avez, de plus, éteint vos frais de premier établissement et vos acquisitions du mobilier de vos bureaux, qui ne figurent que pour mémoire à votre bilan.

Bilan au 30 juin 1881

ACTIF

Mobilier		Pour mémoire
Caisse		2.141 80
Actionnaires		375.000 »
Contrats à échoir :		
1° Répartition de survie 1881, sommes déboursées	19.724 95	26.173 90
Plus-value proportionnelle	6.448 95	
2° Répartition de contre-assurance 1881, sommes déboursées	6.344 80	7.754 25
Plus-value proportionnelle	1.409 45	
3° Répartition de survie 1882, sommes déboursées	5.864 75	6.321 75
Plus-value proportionnelle	457 »	
4° Répartition de survie 1883, sommes déboursées	7.389 15	8.331 80
Plus-value proportionnelle	942 65	
Agents		5.809 20
Portefeuille 2.288 fr. de rente 3 0/0		66.085 05
Dépôts et comptes courants		18 »
Moreau, agent de change		40.000 »
Total		537.635 75

PASSIF

Capital	500.000 »
Fonds de réserve	2.266 »
Dividendes à payer	669 75
Solde	34.700 »
Total	537.635 75

Compte de pertes et profits

DÉBIT

Courtages et agents de change	218 95
Commissions aux agents	5.015 50
Frais généraux	14.428 50
Solde	34.700 »
Total	54.362 95

CRÉDIT

Excédent de l'exercice 1870-80	2.214 »
Intérêts, arrérages sur rentes 3 0[0	1.235 60
Solde du compte achats de contrats	50.913 35
Total	54.362 95

Le Président. — Je donnerai maintenant la parole à M. le commissaire pour la lecture de son rapport.

Messieurs,

Conformément aux dispositions de la loi du 27 juillet 1867, et aux prescriptions de l'art. 19 de vos statuts, je viens vous rendre compte de la mission que vous m'avez confiée.

J'ai vérifié, à la date du 30 juillet 1881, les comptes qui sont soumis à votre approbation.

Je me suis assuré que les chiffres présentés dans le bilan sont bien la reproduction et le résumé des écritures de la Société.

Les bénéfices nets au 30 juin se chiffrent par 34,700 francs.

J'approuve la répartition du dividende, proposée par le Conseil d'administration.

Fait à Paris, le

Le commissaire,

Signé : Comte DE BONGARS,

Conseiller de surveillance de la Compagnie « le Conservateur ».

Le Président. — Messieurs, vous venez d'entendre la lecture des deux rapports, celui du Conseil et celui du commissaire. Si quelqu'un d'entre vous a des observations à présenter sur ces rapports ou des renseignements à demander, je suis prêt à lui accorder la parole.

....

Si vous n'avez rien à demander, nous allons mettre aux voix les résolutions à l'ordre du jour.

M. Taupin. — J'aurais une petite observation à faire ; mais, comme elle concerne le Directeur, je désirerais, si la chose est possible, qu'il se retirât pendant quelques instants, afin de laisser à la discussion toute sa liberté d'allures.

(M. le Directeur se retire.)

M. Taupin, ancien conseiller de surveillance de la Compagnie *le Conservateur*. — Messieurs, vous avez entendu quels étaient les résultats du dernier exercice. Ils sont très satisfaisants, puisque nous allons retirer 15 0[0. Peut-être l'année prochaine, aurons-nous davantage ?

Ces résultats, nous les devons, en grande partie, au Conseil d'administration et, bien entendu aussi, à M. le Directeur.

S'il n'a pas démérité de la confiance que nous avons mise en lui, il a mérité ; s'il a mérité, ne serait-il pas juste que l'assemblée le remerciât soit par une augmentation de traitement, soit par une indemnité annuelle, si l'assemblée ne veut pas se lier pour l'avenir. Si M. le Directeur continue à mériter, l'assemblée pourra lui continuer annuellement cette gratification; s'il ne mérite pas, on la lui retranchera.

Je crois que le Directeur, en venant ici, n'a pas amélioré sa situation. Il est père de famille, il donne tout son temps à la Société, et il l'emploie consciencieusement. Je demande donc à l'assemblée de le dédommager de la peine qu'il a prise pour obtenir les résultats acquis dans cet exercice.

Le Président. — Quelqu'un demande-t-il encore la parole?

M. Boucherot, *scrutateur*, Directeur de la Compagnie **le Conservateur.** — Je demanderai au Président s'il a quelque chose à répondre à ce qui vient d'être dit par un des honorables membres de cette assemblée?

Le Président. — Je ferai quelques observations lorsque tout le monde aura fini de s'exprimer sur la question.

M. Boucherot. — Messieurs, *je ne savais pas* que la proposition que vous venez d'entendre dût être faite. Puisqu'elle vient d'être présentée à l'assemblée, je demanderai la permission d'ajouter quelques mots.

Je déclare donc que j'appuie cette proposition. *Pour l'appuyer, je prendrai des arguments naturels;* je prendrai la Société à ses débuts. Nous avons vu que depuis ce moment la Société a prospéré, et que pour cet exercice, le second, un dividende de 15 0[0, est distribué aux actions.

Au début de la Société, on désirait que le Directeur eût un traitement supérieur à 4,000 francs. Cette proposition fut faite par M. Marchand, que nous avons perdu (il est mort depuis); il prétendait que ces appointements de 4,000 francs n'étaient pas en rapport avec les obligations et la tâche qui incombaient au Directeur.

Je fus le premier à m'opposer à ce que des appointements supérieurs à la somme de 4,000 francs lui fussent octroyés, parce que, à mon avis, en face d'une affaire nouvelle, il ne fallait pas grever le budget outre mesure; il fallait laisser passer cette période d'incubation, et j'ajoutais qu'il serait temps après d'augmenter notre Directeur.

J'avais un autre argument, c'est que M. Piétri avait lui-même accepté cette somme de 4,000 francs.

L'année dernière, après les résultats du dernier exercice, on proposa à M. Piétri une proportion dans les bénéfices, afin d'assimiler sa position *avec celle (sic)* des administrateurs, et de l'améliorer *par cela même (sic).*

M. Piétri, à cette proposition, *préféra avoir un traitement fixe plus élevé qu'une proportion* quelconque des bénéfices; *étant père de famille,* il aimait mieux avoir à compter sur quelque chose de fixe et d'assuré.

Je crois même que cette question a été discutée en conseil. *Le Conseil a consenti* à ce que le traitement de M. le Directeur fût porté de 4,000 à 6,000 francs.

L'année dernière, en présence des résultats obtenus, vous avez donc augmenté son traitement de 2,000 francs.

Mais le Conseil a-t-il pensé que cela devait durer toujours?.........
???? Quoi?

En augmentant le traitement du directeur on ne faisait là qu'accomplir une chose fort juste et légitime. Ce n'était que la réparation attendue et promise au moment où ledit traitement avait été fixé à 4,000 francs.

Aujourd'hui nous avons un résultat meilleur encore que l'année dernière. Nous avons, en outre de ce qui est distribué aux actionnaires un excédent de 7,500 francs.

Bien loin d'avoir (sic) 10 0[0, nous en avons 15.

Eh bien ! Messieurs, la proposition que vient de nous faire M. Taupin ne consiste à donner à M. Piétri que *une allocation pour cette année*. Ce n'est pas pour tous les ans. *C'est une allocation pour cette année* sur le reliquat existant en caisse. Il porte sur des résultats acquis. Et par qui ces résultats le sont-ils, sinon par le directeur, qui est *la cheville ouvrière, de coopération avec le Conseil d'administration ?*

Il me semble que sur la somme qui est disponible, l'assemblée pourrait attribuer une somme quelconque à M. Piétri, non pas pour ce qu'il pourra faire à l'avenir, mais pour le fait acquis.

Il me semble que dans une circonstance semblable à celle-ci, le directeur ne doit pas être mis à l'écart quand tous les autres touchent.

A mon opinion, je crois que (sic) personne, dans cette assemblée, ne pourra s'opposer à une solution aussi juste de cette question. C'est à vous de juger.

Le Président. — Quelqu'un demande-t-il encore la parole?

. . . .

Personne ne la demandant, je vais vous dire en toute sincérité ce qui s'est passé dans le conseil relativement à la question soulevée maintenant devant vous.

Cette question nous l'avons étudiée, et voici pourquoi nous *n'avons pas proposé* à l'assemblée de donner une allocation au directeur.

L'année dernière, à la suite de longs pourparlers, M. le directeur a manifesté le désir d'avoir, de préférence à tout autre mode auxiliaire de rémunération, une augmentation de son fixe.

Il avait 4,000 fr. *Nous lui offrions de lui donner 10 0/0 des bénéfices.*

M. Piétri, mu par un sentiment personnel, préféra, comme je viens de vous le dire, un fixe plus élevé.

Nous avons cédé aux désirs de M. le directeur, et nous avons en conséquence proposé d'élever son traitement de 4 à 6,000 francs. Vous avez approuvé cette proposition.

Maintenant, nous avons pensé que nous ne pouvions pas, *dans la même année,* vous proposer une nouvelle augmentation sous une nouvelle forme.

Nous avons pensé que dans la situation de nos affaires qui sont, malgré les 15 p. 100 que nous avons pu vous attribuer, de moitié au-dessous de ce qu'elles étaient l'année dernière, et qui, *tout le fait prévoir, diminueront encore* cette année, nous avons pensé, dis-je, que nous devions surtout *viser à l'économie,* et qu'après avoir augmenté déjà de 2,000 francs les appointements de votre Directeur, il était plus sage de ne pas vous proposer une nouvelle augmentation sous une nouvelle forme.

Cependant, je me hâte d'ajouter que vous êtes les maîtres. Le conseil vous explique pourquoi il n'a pas cru devoir vous proposer un changement à cet égard, mais il ne fait aucune opposition à ce que vous croirez mieux de décider.

Le plus gros commis scrutateur Boucherot, directeur de la Compagnie LE CONSERVATEUR. — Malgré les observations, très bienveillantes d'ailleurs de M. le président, je crois que la proposition sera bienveillamment vue par l'assemblée. Je ne puis que l'appuyer.

Il ne s'agit pas d'augmenter un traitement; nous sommes en face d'un résultat acquis. Vous dites : « L'année prochaine nous ne savons pas ce que nous ferons. » C'EST VRAI; mais l'indemnité que l'on propose de donner à M. le directeur n'affecte en rien les résultats de l'année prochaine puisqu'il s'agit de la lui allouer sur l'excédent que nous avons cette année-ci.

Ne serait-ce pas rationel, d'ailleurs, malgré cette augmentation de 2,000 francs qu'il a eue? Cette augmentation était prévue. Quand on a donné à notre directeur 4,000 francs, C'ÉTAIT DÉRISOIRE. *Cette augmentation de 2,000 francs n'était pas pour augmenter son traitement (sic)*; c'était pour pallier la faute qui avait été faite en ne lui donnant que 4,000 francs.

Ce n'était pas une gracieuseté que vous aviez pour lui, c'était un droit qui se trouvait acquis dès le début par les promesses de compensation qui avaient été faites *(sic)*.

Je suis celui, je vous l'ai dit en commençant, qui s'est opposé à ce qu'on donne au début un traitement de 6,000 francs à M. Piétri. Quand, après le premier exercice, vous avez porté ce traitement à 6,000 francs, vous lui avez donné plus tard ce que vous auriez pu lui donner plus tôt. Il faut donc mettre cette question-là de côté. Ne voyons que les résultats obtenus.

Les affaires, en général, ne donnent pas des résultats bien brillants *(sic)*.

Lorsque l'on voit une affaire en donner comme ceux qui viennent de nous être accusés, on ne peut pas mettre le directeur à l'écart. Il a sa valeur et c'est en grande partie à lui que ces résultats sont dus.

J'espère donc que M. le président voudra bien mettre aux voix la question de savoir si l'assemblée veut ou ne veut pas donner une gratification au directeur, sauf après à en fixer le quantum.

Le Président. — Messieurs, voici la proposition de M. Taupin appuyée par M. Boucherot :

Il est proposé de donner une gratification à M. Piétri pour cette année.

(Cette proposition, mise aux voix, est votée à l'unanimité moins une voix).

Le Président. — Nous n'avons maintenant qu'à discuter le quantum. Quelles sont les propositions que vous avez à faire à ce sujet? Comme cette résolution émane de vous, nous vous laissons toute liberté.

M. Taupin. — Ma pensée était qu'on lui donnât 2,000 francs.

. . . .

Résumons ce qui précède :

M. Taupin, ancien conseiller de surveillance de la Compagnie LE CONSERVATEUR, propose d'allouer à M. Piétri, ex-secrétaire de la Compagnie LE CONSERVATEUR, une indemnité de 2,000 francs, sous prétexte « qu'on a retiré cette année 15 0/0 », et ajoute : « PEUT-ÊTRE, L'ANNÉE PROCHAINE, DONNERONS-NOUS DAVANTAGE. »

M. Taupin, pensons-nous, ne pressent pas « LA MORT PROCHAINE » dont parle plus haut notre confrère et que le président fait entrevoir.

Mais comment M. Boucherot, directeur de la Compagnie LE CONSERVATEUR, ex-patron de M. Pietri, peut-il ignorer la situation, lui, qui malgré son petit nombre d'actions sait tout ce qui se passe, connaît et rappelle les délibérations du conseil d'administration, comme s'il assistait à ses séances, et paraît même faire agir à sa guise ce conseil, qui, au début, a commis la faute de donner à M. Piétri des appointements « dérisoires » ?

Il sait que, l'année dernière, *on* proposa à M. Pietri une proportion dans les bénéfices, afin « d'assimiler sa position à celle d'administrateur et de l'améliorer *par cela même.* »

Il sait que M. Piétri, *étant père de famille*, préféra 2,000 francs à 3,470 qui devait donner le 10 0/0 qu'on lui offrait (voilà ce que c'est que d'avoir des enfants !) ce qui prouve qu'il voyait déjà l'avenir.

Il sait que le Conseil a discuté cette question et a porté le traitement à 6,000 francs. Il sait tout, enfin, excepté tout ce que le monde a dit, connaît et répète.

Est-ce cette ignorance qui l'a fait se débarrasser du plus grand nombre de ses actions, actions qui, le dividende étant connu, ont dû bien se vendre ?

Est-ce cette ignorance qui, malgré les paroles du président : « Nous devons viser à l'économie », le fait appuyer, « par des arguments naturels », la proposition de M. Taupin ; c'est-à-dire demander 2,000 francs pour son ex-secrétaire, au détriment des actionnaires, dont il ne fait presque plus partie ?

Ce qui nous paraît moins naturel que ses arguments, c'est que le possesseur de cinq actions décide que M. Pietri n'aura que 4,000 francs, ce que tout le monde approuva ; qu'il reconnaît plus tard « sa faute », et que le Conseil vote une augmentation ; que, malgré la décision du susdit Conseil, qui sait que le moment est mal choisi pour donner des gratifications, le même possesseur de cinq actions fasse voter le contraire, et cela, quand on répond au possesseur de vingt actions qui demande des renseignements :

« Vous ne mettrez pas le nez dans notre cuisine. »

Mais, reprenons le rapport, avec l'incident passé sous silence :

M. Taupin. — Ma pensée était qu'on lui donne 2,000 francs.

L'Actionnaire qui s'est abstenu. — Ceux qui ont fondé la Société savent pourtant mieux que moi que ce n'est pas le moment de voter des gratifications ; qu'aussitôt la prime fixe autorisée...

Le Président. — La motion est votée, il n'y a plus à y revenir. J'ai offert la parole avant le vote à qui voulait la prendre ; il fallait en user.

L'Actionnaire. — Je m'en serais bien gardé. J'ai voulu voir comment on voterait ; j'ai vu. Continuez maintenant d'arranger vos affaires en famille.

Le Président. — Dans les quelques paroles que j'ai prononcées, j'ai dit un mot qui a dû arrêter votre attention. Je vous ai dit que les affaires avaient diminué ; — il est à craindre qu'elles diminuent encore. Dans le rapport du Conseil, il vous en est également dit quelques mots.

Je ne veux pas entraver votre décision, mais je crois qu'il faudrait songer à la réserve. A vous toutefois de fixer le chiffre de cette allocation. On propose 1,000 francs. M. Taupin a proposé 2,000 francs. Quelqu'un a-t-il des observations à faire ?

Un actionnaire. — Le principe est adopté, il n'y a qu'à mettre les deux chiffres aux voix.

Le Président. — Nous devons d'abord mettre aux voix le plus élevé.

(La proposition de 2,000 francs à accorder à titre de gratification à M. Piétri, directeur de la Société, est mise aux voix et ne trouve dans l'assemblée que peu d'adhérents. La proposition de lui donner 1,000 fr. rencontre la grande majorité).

Le Président. — La proposition de 1,000 francs est acceptée.

M. le Directeur aura 1,000 francs de gratification. En conséquence, notre Rapport sera modifié ainsi : Au lieu de 7,137 francs que nous

aurions eu comme fonds de prévoyance, ce ne sera plus que 6,137 francs.
Je vais maintenant mettre aux voix l'approbation des comptes.
Je suis prêt à donner la parole à ceux qui auraient des observations à présenter sur les comptes sociaux.

. . . .

Personne ne demandant la parole, je mets aux voix l'approbation des comptes tels qu'ils résultent du rapport et du bilan qui vous ont été soumis.

(Cette proposition, mise aux voix, est votée à l'unanité.)

Le Président. — Nous avons maintenant la fixation du dividende. Nous vous proposons de vous donner 15 0[0. Que ceux qui sont d'avis d'accepter veuillent bien lever la main.

Le Président. — Nous vous proposons de continuer à M. de Bongars les fonctions de commissaire.

(Cette proposition est votée à l'unamité).

Messieurs, plus rien n'étant à l'ordre du jour, la séance est levée.

. . . .

ENCORE UN PAS DE CLERC FAIT PAR LE CONSERVATEUR

Après ces fautes, **le Conservateur** traduisit un de ses anciens inspecteurs en police correctionnelle, parce qu'il blâmait la manière peu loyale du **Conservateur**. Je ne retracerai point les incidents qui eurent lieu aux audiences d'août, et celles des 12, 19 et 26 novembre et 3, 18 et 31 décembre 1881 : les titres de pirates, faussaires et voleurs étaient jetés à la face des parties, sous des fleurs de réthorique qui firent pâlir le catéchisme poissard.

L'ex-inspecteur **Lamarre** fit exposer pendant quatre heures les agissements plus que blâmables de la trop fameuse Société **le Conservateur**.

Le Conservateur répondit que **Lamarre** ne s'était porté le champion et le protecteur des assurés du **Conservateur**, que depuis que la Compagnie l'avait révoqué et qu'il ne palpait plus les bénéfices fabuleux que son ancien emploi lui octroyait, il montra et lut des lettres récentes émanant de **Lamarre**, où ce dernier soutenait *mordicus* que **le Conservateur** était l'immaculée des Compagnies d'assurances (1). **Le Conservateur** dit que, tout en reconnaissant l'intelligence et l'activité de **Lamarre**, il avait dû le révoquer dès qu'il avait su que dans le ménage clandestin de cet inspecteur, les faux de toutes sortes se pratiquaient sur une vaste échelle.

Le Conservateur ajouta : **Lamarre** a osé invoquer la loi du 29 juillet 1881 ; le tribunal correctionnel de **Nancy** venait justement de le condamner, lui, **Lamarre**, à la prison et à l'amende, pour des tripotages financiers où, au nombre des victimes, se trouvait quantité de mineurs.

En effet, aux audiences du tribunal et à la Cour correctionnelle de Nancy, les imputations et presque toute l'accusation que **le Conservateur** soumettait au tribunal d'Epernay furent reprochés à **Lamarre**, soit par le ministère publique, soit par l'avocat général, ils dirent en plus à **Lamarre** qu'il était un tripoteur éhonté, qui s'appropriait l'argent des autres. « Vous êtes, disait-il, une troupe de misérables, une horde de financiers véreux, une bande de vautours s'abattant sur les campagnes, sur le pauvre peuple, sur l'ouvrier pour lui voler son argent et son pain : vous êtes une plaie....., etc. (2)

J'estime que tout homme est complice
Du crime qu'il ne dénonce pas.

(1) Des débats des procès intentés par **le Conservateur** à **Lamarre**, il ressort que **Lamarre** n'a protesté contre les agissements du **Conservateur** qu'après sa révocation pendant que moi j'ai protesté dès que je me suis aperçu de la plus petite irrégularité et par ma lettre du 17 février 1870, que l'on a lue à la page 15 de la présente brochure. Je mettais **le Conservateur** en demeure de restituer les fonds qu'il n'aurait jamais dû encaisser. On peut être étonné qu'après une lettre aussi violente, **le Conservateur** ne m'ait pas révoqué immédiatement ; non, **le Conservateur** employa six semaines à tenter toutes les corruptions possibles et immaginables lorsqu'il vit que ses offres énormes ne me feraient point **départir d'un principe trop peu usité qui consiste à ne point faire aux autres ce que l'on ne voudrait pas qui vous soit fait**, il me révoqua.

(2) Si les hommes de cœur se trouvent blessés de ces invectives, **Lamarre** paraît les aimer ou du moins être habitué à les entendre, car dans ses journaux il repète toutes les injures qui lui ont été adressées dans le *Scrutateur financier* du 30 novembre 1881, il les repète deux fois, et toute cette belle kyrielle ne tient pas moins de 12 colonnes. Enfin, chacun son goût, on dit bien que saint Labre aimait la crasse et la vermine.

Lamarre rappela de ce jugement, je le fit chaleureusement recommander le 28 décembre, la cour de Nancy l'acquitta ! ! ! ! ! (1)

Le juge qui représentait à cette audience la vindicte publique signa un pourvoi en cassation. La Cour suprême cassa le jugement de la Cour de Nancy, qui avait acquitté **Lamarre**, et la Cour de Besançon le condamna le 30 novembre 1882 (2).

Le Conservateur estime que les tripotages que fait **Lamarre**, au moyen de la publicité d'une feuille « malsaine », sont plus à blâmer que ceux que fait depuis 38 ans **le Conservateur**. Et ce n'est pas peu dire !

D'après ce que l'on vient de lire, ne trouve-t-on pas que la discussion dans le partage des fonds, plus ou moins loyalement acquis, révèle de singulières choses.

En admettant que **Lamarre** ait commis les faux que l'avocat du **Conservateur** lui a reprochés, est-ce pour cela que **le Conservateur** l'aurait révoqué ? Non, sans doute, pourvu que les employés du **Conservateur** laissent faire à l'administration ce qu'elle veut, le reste ne la regarde pas.

Le monde assureur aurait le droit de se demander depuis quand **le Conservateur** serait devenu si scrupuleux ? Naguère encore, il y avait au **Conservateur** un employé supérieur qui avait passé en cour d'assises sous l'inculpation d'avoir aidé à assassiner un curé, les deux co-accusés, ses oncles, furent guillotinés ; un alibi et la jeunesse de ce troisième accusé intéressèrent le jury, ce qui fit qu'il put filer de longs jours au **Conservateur**, sans être inquiété, avec un haut grade et entouré de l'estime et de la considération qui ne sont dus qu'à ceux qui n'ont pas eu ces malheurs.

A la même époque, un membre du barreau de Paris fut rayé du tableau pour divers faits, entre autre parce qu'on avait la preuve qu'il vendait des brevets de décorations et la décoration elle-même. Ce digne avocat était président du conseil de surveillance du **Conservateur** et il y resta encore longtemps après avoir été rayé du tableau de l'ordre des avocats.

Tant va la cruche à l'eau,
Qu'elle finit par se casser.

Le Conservateur a tant fait de fautes que je crus que ce dit-on populaire allait avoir son application, si je n'ai pas fait un pari de sommes importantes, comme l'Anglais X..., qui suivait assidûment les repré-

---

(1) **Lamarre** ne m'avait pas tenu la promesse qu'il m'avait faite dans sa lettre du 15 septembre 1881. Le matin même de l'audience, 27 décembre 1881, je remis une note entre les mains du président de la cour correctionnelle de Nancy, ce dernier l'a remis à l'avocat-général.

(2) Entre l'acquittement que prononça la Cour correctionnelle de Nancy et la condamnation que la Cour correctionnelle de Besançon appliqua, on lisait dans le *Petit Parisien* du 30 août 1882, l'article ci-après :

« Nous recevons d'un certain nombre de lecteurs et notamment de Nancy, de Toul, d'Ava-
« lon, du Havre, d'Orléans, etc., des lettres expliquant que des individus inconnus dans les
« localités qu'ils parcourent offrent au nom des Sociétés financières de Paris, des parts d'obli-
« gations du Crédit foncier, payable par petits mensualités.

« Nous engageons vivement nos lecteurs à se défier de ces offres, et en tous cas, à se ren-
« seigner sur la valeur des individus qui leur proposent des transactions de ce genre.

« Ces agissements ont pris un tel développement qu'il nous paraît que le Crédit foncier
« serait intéressé à bien mettre le public en garde contre d'audacieux faiseurs qui ne
« craignent pas de se couvrir de son nom. »

sentations que le chef d'une ménagerie donnait au public dans l'espoir de le voir dévorer par ses fauves.

Je voulus voir le dénoûment fatal du **Conservateur** ; à cet effet je me rendis à Epernay ; ma présence ne fit pas l'affaire du **Conservateur,** et sans nul doute, il confia son mécontentement à l'avocat qui devait prendre la parole. Croyant influencer le Tribunal, **le Conservateur** avait amené avoué, avocat du barreau de Paris ; il croyait qu'un tel manège aurait produit un effet magnifique sur un Tribunal de province ; mais lorsqu'il vit que ces magistrats n'étaient pas éblouis puisqu'ils rejetaient leurs conclusions et condamnaient **le Conservateur** aux dépens, il changea de tactique; et moi, spectateur impassible, je me vis insulté sans motifs par un homme à qui je n'avais jamais fait de mal. Le droit suranné que s'arrogent certains avocats va être ébranlé par l'assassinat d'une dame **Chalenton** que son mari tua parce que les avocats l'avaient invectivée si grossièrement lorsqu'elle dut comparaître comme témoin dans le procès **Fidélia Monastério,** au commencement de 1883. Lorsque le mari sut les insultes, il crut à tout jamais que ces insolents avaient ravi son honneur.

La presse s'indigna ; certains journaux conseillèrent à tout honnête homme de relever la jupe ou le cotillon du polisson et de le fouailler d'importance ; d'autres conseillèrent de répliquer par un à-propos quelconque, par exemple, dire : « Cet avocat, qui m'insulte, n'a pas le droit de parler ; il a vécu maritalement avec ma mère ; il a fait mourir son père pour avoir plus vite son héritage ; il a empoisonné sa belle-mère ; il a fait des faux ; il n'est pas digne de foi, etc. » L'avocat voudra protester, mais ce témoin lui répondra : « Vous avez menti, j'ai bien ce me semble, le droit de vous imiter. »

Ici, comme on le voit, il est toujours question de témoins et, jusqu'à présent, on n'avait pas vu d'avocats, quelque insolents qu'ils fussent, insulter un spectateur.

Eh bien ! l'avocat **Carré** s'est arrogé ce droit en m'insultant, le 12 novembre 1881, devant le tribunal correctionnel d'Epernay.

Pour me justifier je dus écrire à chaque juge qui composait le Tribunal la lettre ci-après.

Le grand poëte tragique a dit :

C'est à nous de montrer qui nous sommes
Et de ne voir dans l'avocat insulteur que le dernier des hommes.

LETTRE A M. LE PRÉSIDENT ET A MM. LES JUGES D'ÉPERNAY

Messieurs,

« J'ai fait exprès le voyage de Paris à Epernay pour assister à l'audience du 12 du présent mois, novembre 1881, j'ai vu défiler les vulgaires voleurs et l'ex-adjoint qui n'était plus d'accord avec son maire.

« L'appréciation impartiale me fit présumer que **le Conservateur** n'influencerait pas le tribunal malgré les avocats, les avoués qu'il remorque derrière lui dans cette intention.

« Dès que l'huissier eut appelé l'affaire du **Conservateur** contre Victor **Lamarre** et que le sieur **Carré**, avocat du **Conservateur**, eut conclut à l'effet que la preuve ne soit pas permise contre la Compagnie **le Conservateur** et aussitôt que le tribunal eut rendu un jugement contraire, c'est-à-dire autorisant la preuve, le sieur **Carré**, avocat du **Conservateur**, demanda que je ne sois pas entendu parce que, disait-il, j'étais un déclassé (1).

---

(1) Non, Monsieur **Carré**, je ne suis point un déclassé, vous le savez aussi bien que moi, je suis victime d'une infamie comme la justice est entraînée à en commettre trop souvent. Ceux qui sont déclassés, ce sont les misérables qui, lorsqu'ils n'ont pas pu corrompre un honnête homme et en faire le complice de leurs opérations dolosives, s'entendent avec certains avocats qui, moyennant quelque argent, vendent les pièces importantes qui leur ont été confiées, ce qui apprend à l'homme prudent qu'il doit faire photographier ce qu'il n'a pas en duplicata. C'est à ces spécialités-là, Monsieur **Carré**, qu'il faudrait adresser vos épîtres de déclassé.

Dans les audiences du 12 et 27 novembre, celle du 3 décembre 1881, et celle du 23 mars 1882, en fait de savoir, je vous ai reconnu beaucoup d'audace, surtout à l'audience du 23 mars, où vous n'aviez pas de contradicteur, vous avez osé affirmer qu'il n'y avait qu'un seul jugement de justice de paix, vous soulignez ce mot de justice de paix, qui osa dire que le 5 0/0 devait être payé au **Conservateur** par annuités seulement. Malheureusement la Compagnie **le Conservateur** n'eut connaissance de ce jugement que quand il y avait force de chose jugée. **Quelle audace !** J'avais sur moi quatre jugements qui déboutaient **le Conservateur** de ses prétentions et le condamnaient aux dépens, et l'un de ces jugements, en flétrissant **le Conservateur**, appuyait sa décision sur un arrêt de la Cour de cassation, et vous osez dire qu'il n'y en a eu qu'un, et que la Compagnie n'en avait pas eu connaissance. Les quatre que je possède, et ils ne sont pas les seuls, ont été perdus par l'avocat **Chebert**, avocat du **Conservateur**, et les conclusions avaient été faites par M. **Dominé**, le chef du contentieux du **Conservateur**. Vous avez osé dire aussi que les répartitions étaient scrupuleusement faites. Pourquoi n'ajoutiez-vous pas : c'est parce qu'elles étaient trop scrupuleusement faites que le Gouvernement avait obligé **le Conservateur** à les recommencer.

Je proteste hautement contre les injures que vous m'avez adressées le 12 novembre 1881. Vous auriez voulu sans doute que, par un mouvement de violence causé par une juste indignation, je vous soufflettasse comme un polisson...., pour dire que devant un tribunal j'avais insulté la robe que vous respectez si peu. Non, Monsieur **Carré**, je ne me suis point porté à cette violence, ce qui vous aurait rendu intéressant et aurait fait parler de vous, pendant que votre talent vous laisse dans le domaine de l'inconnu. J'eus le bonheur de me rappeler que l'on n'est jamais sali que par la boue, et que la bave d'un insolent ne doit pas faire sortir un honnête homme de sa règle de conduite et le faire se porter contre l'insolent à un acte de violence, pourtant bien mérité.

Vos insultes m'ont autorisé à écrire aux juges d'Epernay, tant pour protester contre vos injures, que pour offrir des preuves irréfutables contre **le Conservateur** que vous vous

« Je n'étais pas cité comme témoin, lors de l'insulte du sieur **Carré**, les témoins avaient été appelés et étaient sortis de la salle d'audience. J'étais resté impassible, comme depuis le commencement, à côté du ministère public et j'aurais invoqué son témoignage, si **le Conservateur** avait fait du scandale dans l'intention de me faire expulser de la salle d'audience.

« Le sieur **Carré**, avocat du **Conservateur**, savait que je connaissais les agissements de la triste Compagnie, qu'il voulait défendre Lorsque je la représentais dans neuf départements, les protestations énergiques que je faisais contre les agissements blâmables, ainsi que j'offre de le prouver par ma correspondance, que je mets à la disposition de qui de droit, en diront plus que les témoins qui ont été entendus, quoi qu'ils aient dit que **le Conservateur** prévient la **Caisse des prêts**, autre Compagnie créée par **le Conservateur**, pour acheter à vils prix les fonds que la petite épargne avait confié au **Conservateur**, pour lesquels il se faisait payer pour cumuler les intérêts et en faire la répartition. Un témoin à qui il revient sept mille et quelques cents francs avait vendu ses droits à cette somme pour trois cents francs, parce que **le Conservateur** lui avait refusé de lui dire le chiffre qui lui revenait et l'avait indiqué à la **Caisse des prêts**.

« Comme on le voit, **le Conservateur** n'aime pas le langage de la vérité ni la mise au grand jour des manœuvres contraires aux statuts.

« J'avais, depuis le 30 mars 1870, intenté un procès au **Conservateur**, je lui réclamais 250.000 francs ; en 1872, ce procès était sorti du rôle, les débats n'auraient pas été du goût du **Conservateur**, soucieux de me réduire au silence et de cacher le plus longtemps possible les fautes plus graves que celles contenues dans la brochure de **Victor Lamarre : La vérité sur le Conservateur.**

« Entre l'assignation et les plaidoyers de ce procès, j'avais fondé une Société sous la dénomination de **la Caisse nationale**. Je croyais encore que le succès d'une entreprise dépendait des titres pompeux de ceux qui en étaient à la tête ; aussi mes premiers collaborateurs portaient-ils les plus grands noms de France ; malheureusement leur appétit vorace leur fit adopté des délibérations contraires à l'équité, au lieu de fournir les fonds nécessaires au premier établissement et la mise en activité. La délibération qui est à la page 36 de la présente brochure, était une faute, cette faute contre laquelle je protestais, ils la rejetèrent sur moi et firent prononcer le jugement qui est à la page 20 de la Réforme de la Magistrature, dont j'adresse à chaque juge un exemplaire.

« Quand j'ai quitté **le Conservateur**, parce que je ne voulais pas être son complice, j'avais quarante-cinq ans, je n'avais eu aucun démêlé avec la justice ni la police, je n'avais jamais été cinq minutes au poste, en un mot mon casier judiciaire était vierge. Je quitte **le Conservateur** ; peu de temps après, on m'assigne en police correctionnelle, sous prétexte que j'aurais dit qu'une femme X... n'etait pas

---

étiez flatté de faire sortir blanc des débats. Aussi le jugement du 31 décembre, tout en flétrissant **le Conservateur**, dit que vous n'auriez pas dû invoquer les faux que **Lamarre** avait faits puisqu'ils n'ajoutaient point de force à la discussion.

Je retracerai aussi celui de la Cour de Paris qui annule le jugement d'Epernay, bien qu'elle n'ait entendu que **le Conservateur.** Si les débats sont jamais contradictoires, la variété de leur appréciation ferait plutôt croire au mirage qu'à des décisions saines, équitables et réfléchies.

l'immaculée conception et je fus condamné à 16 francs d'amende; la fin tragique de cette malheureuse, qui succomba dans une orgie avec douze personnages de la plus grande immoralité, prouva que si j'avais tenu ce propos, ce que je nie, mon appréciation aurait encore été bien au-dessous de la vérité. Peu de temps après, le jugement qui commence à la page 35 de la présente brochure me frappait.

« Coïncidence bizarre, **V. Lamarre** a 45 ans, je ne sais pas s'il avait été condamné (je ne le connais pas, je sais seulement qu'il a une difficulté avec **le Conservateur.**)

« Il quitte cette Compagnie, immédiatement il est frappé de deux arrêts, un par défaut c'est vrai, mais un contradictoire par le Tribunal de Nancy, pour des faits autorisés pour la Ville de Paris et pour le Crédit foncier.

« **Le Conservateur** est-il étranger à ces quatre condamnations? Pour mon compte j'affirme que non, et un avocat dont la spécialité consiste à dénaturer sciemment la vérité, doit-il en bonne justice insulter des hommes qui ont plus de dignité que la Compagnie qu'ils ont quitté? Cet avocat a affirmé hautement qu'il ferait sortir **le Conservateur** blanc du procès qui est pendant devant le Tribunal d'Epernay; je ne suppose pas que la Marne qui porte de nombreux bateaux, ni le chemin de fer l'Est avec tous ses wagons, pourraient amener assez de potasse pour faire cette lessive, car les fautes du **Conservateur** ont traversé la trame, et sa ficelle est usée par la loi du 29 juillet 1881.

« Je suis souscripteur d'une police n° 95,346, en cas de mort avec réserve de survie, je me suis présenté les 12, 15 et 18 mai 1878 dans les bureaux du **Conservateur,** seul, puis accompagné d'un huissier. Le directeur, le secrétaire, le chef du contentieux, le chef de bureau, m'ont refusé les pièces qui sont, d'après la loi et les statuts, à la disposition des intéressés. Je suis retourné avec un autre huissier qui a constaté ce qu'il avait vu et le refus qu'on m'avait fait; j'ai adressé des plaintes aux autorités. Le Ministre du commerce a demandé à la commission pourquoi **le Conservateur** avait fait exiger 100 francs qui ne lui étaient pas dus avant de remettre le titre de rente à M. **Peillon,** receveur municipal, à Givors (Rhône).

« Vendredi 18 courant (novembre 1881), je passai devant la Justice de paix du neuvième arrondissement de Paris, je vis le directeur et les administrateurs du **Conservateur** qui pestaient contre l'appréciation de divers tribunaux; le directeur dit : « Voilà Thébault! » La tête de Méduse ne leur aurait pas fait plus d'effet, jamais le remords de conscience du traître décrit par Corneille ne fut plus caractérisé. Voulant, comme la justice, profiter de l'impression que causent à l'assassin les restes de sa victime, je leur demandais si, après l'insulte qu'ils m'avaient fait faire devant le Tribunal d'Epernay, s'ils me montreraient le chiffre qui m'avait été alloué à la répartition de 1878 ou s'il faudrait me faire accompagner d'un huissier. Le directeur me dit : « Vous n'aurez qu'à vous présenter vous-même. » Je me rendis dans les bureaux, personne ne voulut me montrer le registre mentionné à l'article 49 des statuts. Sommé par moi de répondre s'il voulait me montrer le registre où sont inscrites les répartitions, ils ont répondu : « Nous vous avons communiqué les pièces qui vous étaient dues et nous n'avons pas d'autres communications à vous faire. »

« Le lendemain, je retournais au **Conservateur** accompagné d'un huissier qui dressa le procès-verbal de constat ci-après :

Extrait du Procès-verbal de Constat au Conservateur.

« L'an mil huit cent quatre-vingt-un et le dix-neuf novembre,

« Par le ministère de M. **Devien**, huissier au tribunal civil de la Seine, y demeurant, rue du Pont-neuf, n° 35, soussigné ;

« Requis par M. Thébault, je me suis transporté à Paris, rue de la Chaussée-d'Antin, n° 57, dans les bureaux de la Société **le Conservateur**, où M. Thébault a demandé au secrétaire général la communication des registres de répartition de l'année 1878, sur lesquels, en sa qualité de sociétaire, il figurait ; le secrétaire-général a alors répondu : le directeur n'est pas là, il reviendra dans un quart d'heure. Ayant attendu, M. Boucherot est venu nous rejoindre. Il était mis au courant par le secrétaire général, et sans que M. Thébault puisse formuler sa déclararion, le directeur qui tenait à la main diverses feuilles éparses lui a dit que son chiffre dans la répartition de 1878 était de 248 fr. 95 c., que les registres qu'il demandait ne lui seraient pas communiqués. M. Thébault a protesté contre cette prétention en déclarant qu'il s'adresserait au Parquet. Et, en présence de ce refus absolu de communication, nous nous sommes retirés ; en ce que dessus, j'ai dressé le présent procès-verbal de constat.

Coût, 17 francs 45 cent.

« Les faits que je porte à votre connaissance et les documents qui forment le dossier dans lequel M. **Mathé** a puisé de sérieux arguments édifieront votre religion et vous feront prononcer votre jugement avec connaissance de cause, etc.

« THÉBAULT. »

La date de mes lettres ci-dessus transcrites, dont l'une est du 8 juillet 1868, 9 et 17 février 1870, et la révocation du 27 mars 1870, et cette brochure, exposeront des faits si vrais que j'espère qu'il se trouvera dans les hommes nouveaux qui composent les chambres quelqu'un qui demandera au Gouvernement si chacun, dans cette affaire, a fait son devoir, et si l'on n'a pas trop attendu pour faire une enquête contre **le Conservateur.**

Et ce sera bonne justice !

Bien que les billets étaient au nom des inspecteurs comme l'avait dit l'ex-directeur, M. **Alexis Desbouillons**, le Tribunal de Provins a condamné **le Conservateur** à restituer.

Du reste voici le jugement que j'extrais du journal **l'Assurance** du 1er décembre 1881 :

JURISPRUDENCE

LE CONSERVATEUR

AU CORRECTIONNEL

Tribunal correctionnel de Provins, 3 août 1881

« Tout se paie en ce monde, voire même les escroqueries et les calomnies.

« Ah ! ce cher M. Boucherot, nous le retrouvons enfin la main prise au lacet, lui qui niait, la main gauche appuyée sur le cœur, qu'il n'avait jamais été tendu la plus petite bricole.

« Nous le retrouvons. Ah ! ah ! vrai, ça nous fait plaisir et nous allons immédiatement placer son buste entre ceux de Huet et de Lambert, de comique mémoire.

« Dire qu'ils nous reviendront tous comme ça, les uns après les autres, honteux et confus comme des renards qu'une poule aurait pris.

« Mais, cher Boucherot ! dans quel pétrin nous vous retrouverons, si ce n'était la vieille dent que nous vous conservons, et l'on conserve une dent qui vous a coûté 3,000 francs, nous vous plaindrions sincèrement ; mais vous ne vous attendez probablement pas à nous voir étancher un pleur à votre intention.

« Les temps sont bien changés depuis le jour où nous n'avons eu le..... plaisir de..... causer ensemble, vous savez, à la barre du tribunal, où vous parliez de votre honneur, de votre considération sur un ton de père noble qui, ma foi, nous en imposa quelques instants, tant vos paroles, vos gestes étaient empreints d'une apparence de sincérité.

« Il fallait vous voir et surtout vous entendre, lorsque vous traitiez l'*Assurance* de journal de chantage, de calomniateur, d'imposteur, pour ce qu'il avait osé révéler les agissements coupables de vos représentants et faire remonter à votre pieuse et immaculée personne, la responsabilité de ces actes !

« Nous n'oublierons jamais votre péroraison de ferblantier, dans laquelle les mots : honneur et calomnie, alternaient en cadence avec vos coups de poings sur la vieille ferraille de la loi de 1819.

« Aussi, nous ne nous en sommes pas relevés : les juges, pleins de respect pour cette antiquité secouée devant leurs yeux, ne virent plus en nous que d'affreux calomniateurs, en M. Boucherot que le plus innocent des hommes et en ses agents que des petits saints.

« Tous des Eliacins ! ! !

« C'était le bon temps, le bon vieux temps des bonnes vieilles lois.

« Mais aujourd'hui.....! ce sont les Eliacins de M. Boucherot qui sont traînés en police correctionnelle, et lui, le grand prêtre — *horresco referens*, — est appelé lui-même à comparaître devant la justice et à répondre de leurs escapades.

« En 1877, ils faisaient banque sur leur honneur ; en 1881, grâce à la nouvelle loi, leur déshonneur est mis à nu, les juges les traitent d'escrocs, les envoient en prison et Boucherot s'entend condamner comme un simple mortel, à restituer :

« A un nommé	Martel	19635
—	Vion	26110
—	Viroux	22500
—	Prenaut	26356
—	Suzanne	11780
—	Garnier	43870
—	Racoillet	33700
—	Bousset	19238
—	Manguin	43127
—	Rogeron	17045
—	Sabaureau	20674
—	Didominici	39299
	En tout, fr.	323434

« Soit trois mille et des cents francs de primes extorquées, sans compter les dépens.

« C'est l'abomination de la désolation, et *vice versâ*.

« Si les temps sont changés, les gens ne le sont guère, et la preuve, c'est que les faits d'escroquerie punis aujourd'hui remontent à des années.

« Ce que nous avons critiqué, il y a trois ans, existait donc bel et bien depuis longtemps.

« Qui donc était coupable ? qui donc mentait ? de nous, simples révélateurs, ou du *Conservateur*, niant les faits révélés, criant à la calomnie et nous faisant subir la stupide application de la loi de 1819, qui refusait la preuve ?

« Nous serons implacables, M. Boucherot, aussi implacables que vous avez été audacieux et impertinent lorsque vous étiez revêtu de l'armure de la vieille loi.

« Le temps est le véhicule de la justice passée ; elle passe, M. Boucherot, elle passe pour vous : hier vous étiez à Provins avec Colin, aujourd'hui vous êtes à Epernay avec Lamarre, un de vos anciens qui vous connait bien ; demain vous serez avec un troisième, nous savons tel avocat qui rédige un poulet en votre honneur.

« Ah ! la loi de 1881, voilà qui vous déroute, voilà qui vous découvre, voilà qui vous perdra. Non ! vous n'y comptiez pas, avouez-le, sans quoi, vous n'auriez pas été aussi gaillard à la barre.

« *Honte aux agents, honte aux inspecteurs, honte aux administrateurs, honte aux conseils de surveillance.* Honte à tous ceux qui ont entendu profiter des produits de l'escroquerie ! (1)

« Oui honte, trois fois honte.

« Car il est impossible, et le tribunal l'a bien compris ainsi, il est impossible que pareille escroquerie ait pu se commettre pendant aussi

(1) Honte surtout à Lamarre, qui n'a divulgué les coupables agissements que quand il a vu qu'il ne pouvait plus palper une part du gâteau bien qu'il le croyait mal acquis.

longtemps et sur une aussi large échelle, sans que ces messieurs en aient eu vent.

« Que serviraient un directeur, des administrateurs et des inspecteurs, s'ils n'avaient pas souci de ce qui se fait au nom de leur Compagnie. »

Cet ex-inspecteur Lamarre, lorsqu'après vingt-cinq ans de service fut révoqué, se décida seulement à écrire : « La vérité sur **le Conservateur.** » **Le Conservateur** comptant sur la loi du 9 juin 1819, assigna ce délateur jaloux en police correctionnelle. Mais cette fameuse loi, qui interdisait la preuve, fut abrogée entre la signification et les débats. Le tribunal correctionnel d'Epernay autorisa Lamarre à faire la preuve malgré les hauts cris du **Conservateur,** qui voulait faire croire que comme tontine, il était au-dessus de la loi.

« Enfin il y a des individus qui croient que le châtiment ne pourra jamais les atteindre, c'est de la suffisance mal placée. »

Après tout ce que **Lamarre,** avait écrit contre **le Conservateur**, j'ai été surpris de le voir, le 6 juillet 1882, fraterniser avec les hommes qui lui avaient dit pis que pendre. Aussi, lorsqu'il s'aperçut que j'avais vu cet échange de poignées de mains, son mouvement indiqua le mécontentement. Dans son journal du 17 juillet, à la deuxième colonne, il croyait me donner le change en racontant une proposition de pari de dix mille francs, que sa grande délicatesse lui aurait empêché de gagner. Allons donc, qui le croira? lui qui craignait de rembourser un abonnement de 4 francs par an, il refusait de gagner à coup sûr 10,000 francs.

Très fort, très fort, Monsieur **Lamarre,** l'invention n'était pas mauvaise, beaucoup y aurait cru, moi je suppose que les demandes de remises de cette cause qui n'est pas encore terminée et les poignées de mains échangées avec ses ennemis et un des proches parents du directeur actuel du **Conservateur**, étaient de part et d'autre des tentatives de rapprochement.

Lamarre a déclaré dans sa brochure **La Vérité sur le Conservateur** et dans son journal que les fonds versés dans la tontine **le Conservateur** ne pouvaient pas faire un placement fructueux ; je suis donc surpris que depuis que le directeur est changé, il met dans son journal que, sous une direction honnête, l'opération ne pourrait pas être mauvaise. Je ne peux regarder cette déclaration de sa part que comme une tentative de rapprochement n'aurait-elle pas pour but l'espoir de faire de nouvelles victimes ? ? ?

Moi, Thébault, auteur de cette brochure, j'ai eu la probité de ne pas vouloir laisser tromper les assurés de mes divisions, j'ai sommé les administrateurs du **Conservateur** de rester honnêtes.

Je n'ai pas un instant hésité entre mes intérêts et mon devoir, bien que je gagnais plus de 60,000 francs par an au **Conservateur,** et c'est à un homme d'une telle intégrité que le **procureur de la République** fait répondre par le substitut de **Lamartinière,** qu'il ne veut pas avoir égard aux réclamations d'un ancien détenu. Et c'est parce que moi, honnête homme, j'ai été victime d'une infamie, que le Parquet refuse de me faire rendre justice, pourtant jamais une plainte n'a été faite contre moi ni avant, ni après la condamnation injuste qui m'a frappée ; et **monsieur le procureur de la République** qui ne veut pas que l'on ait égard à mes plaintes ne peut pas dire le contraire..........

....

....

PROMESSES FALLACIEUSES

DES

Prospectus de la Comp^ie^ Le Conservateur

AVANTAGES DE CE MODE DE PLACEMENT

En plus de sa mise, chaque souscripteur reçoit :

1° *Le capital qu'il a versé;*

2° *Le produit formé par l'accumulation des intérêts de ce capital;*

3° *Une part proportionnelle dans les capitaux des sociétaires prédécédés;*

4° *Une part dans les intérêts composés de ces mêmes capitaux;*

5° *Une part dans l'intérêt composé des annuités versées par les souscripteurs qui survivent, mais qui se trouvent déchus de tout droit aux bénéfices de l'association parce qu'ils ont discontinué le versement de leurs annuités;*

6° *Enfin, une autre part dans les capitaux-intérêts composés et bénéfices de ceux qui, bien que survivants, n'auraient pas rempli dans les délais voulus les formalités nécessaires pour avoir droit au partage.*

C'est de la combinaison de toutes ces causes d'accroissement que naît, pour le souscripteur, la *perspective* de retirer trois, **quatre, cinq, même six fois** sa mise et **plus** en vingt années, suivant les risques de son âge.

Je vais examiner dans peu de mots ce qu'il y a de vrai dans les promesses de ce prospectus en prenant pour base les répartitions les plus avantageuses celle que **le Conservateur** donne comme exemple.

Pierre Ginon, avoué à Lyon, a placé sur la tête d'un enfant d'un an une somme de 2,000 fr.; la Compagnie **le Conservateur** lui a attribué en titres de rentes et compléments espèces en tout 4,900 fr. 13 cent.

Si Pierre Ginon avait acheté de la rente lui-même sans se servir du concours de ces braves gens, pour la même somme il aurait touché 5,307 fr. 58 cent.

L'intermédiaire de la belle Compagnie **le Conservateur,** au lieu de lui donner des bénéfices énormes, comme l'annonce le prospectus qu'elle fait répandre, lui a fait perdre 538 fr. 06 cent. Devant l'évidence des preuves irréfutables, l'ex-directeur **Boucherot** avoua devant la Cour d'appel correctionnelle de Paris, le 27 décembre 1882, que les fonds placés dans la tontine **le Conservateur** ne devaient pas être regardés comme un placement avantageux, mais bien comme une épargne forcée; c'est comme s'ils mettaient l'argent dans une tirelire.

Il y a dans le Code un article qui punit ceux qui trompent le public en faisant miroiter à ses yeux des promesses imaginaires ou des évènements chimériques. Cette loi est juste, et elle est souvent appliquée, mais pas au **Conservateur**. Est-ce parce que **le Conservateur** et ses agents, ses inspecteurs sont depuis 38 ans tous les jours plusieurs milliers de fois récidivistes! Si l'on déporte les petits coupables, **le Conservateur**, comme vieux récidiviste, ne sera pas inquiété et pourra continuer, comme par le passé, à réaliser des souscriptions au moyen de promesses exagérées comme celles du prospectus ci-dessus.

Je vais établir par des chiffres irréfutables que les 5 0/0 que **le Con-**

servateur fait payer d'avance font au bout de 22 ans plus de 15 0/0 du montant de chaque souscription.

Tout le monde sait que les fonds placés à intérêts composés doublent en 14 ans 75 jours. C'est donc 10 0/0 que le souscripteur aurait à son avoir au bout de 14 ans et 75 jours. Ces 10 0/0, toujours placés à intérêts composés, feraient plus de 5 0/0 jusqu'à ce que **le Conservateur** se décide à donner la répartition à ses assurés ; ceci fait donc plus de 15 0/0. Vient ensuite la contre-assurance. Si le souscripteur ne veut pas s'exposer à perdre son argent au cas où l'assuré viendrait à mourir avant l'expiration de l'engagement. Il doit faire une contre-assurance d'après les 52 tarifs différents établis d'après les lois de mortalité.

TARIF DE CONTRE-ASSURANCE

APPLIQUÉ PAR LA TONTINE **Le Conservateur**

Calcul sur une mise annuelle de 100 francs pendant 20 ans

AGE	TOTAL des PRIMES	PRIME de 1re ANNÉE	AGE	TOTAL des PRIMES	PRIME de 1re ANNÉE
	fr. c.	fr. c.		fr. c.	fr. c.
3 mois	230 »	10 95	37 ans	350 »	1 03
6 —	210 »	8 76	38 —	375 »	1 06
1 an	200 »	6 96	39 —	400 »	1 05
2 ans	200 »	3 60	40 —	420 »	1 08
3 —	195 »	3 01	41 —	450 »	1 07
4 —	195 »	2 29	42 —	460 »	1 08
5 —	195 »	1 91	43 —	500 »	1 12
6 —	195 »	1 62	44 —	510 »	1 13
7 —	195 »	1 43	45 —	530 »	1 10
8 —	200 »	1 34	46 —	560 »	1 32
9 —	200 »	1 12	47 —	600 »	1 34
10 —	200 »	» 92	48 —	600 »	1 52
11 —	200 »	» 68	49 —	700 »	1 52
12 —	200 »	» 69	50 —	750 »	1 74
13 —	205 »	» 71	51 —	» »	1 92
14 —	205 »	» 70	52 —	» »	1 98
15 —	210 »	» 72	53 —	» »	2 02
16 —	215 »	» 83	54 —	» »	2 23
17 —	215 »	» 85	55 —	» »	2 30
18 —	220 »	» 84	56 —	» »	2 36
19 —	220 »	» 85	57 —	» »	2 61
20 —	220 »	1 »	58 —	» »	2 65
21 —	220 »	» 99	59 —	» »	2 76
22 —	220 »	1 02	60 —	» »	2 83
23 —	220 »	1 01	61 —	» »	2 92
24 —	225 »	1 04	62 —	» »	3 23
25 —	225 »	1 03	63 —	» »	3 34
26 —	225 »	1 06	64 —	» »	3 42
27 —	225 »	1 05	65 —	» »	3 83
28 —	230 »	1 08	66 —	» »	4 24
29 —	235 »	1 07	67 —	» »	4 70
30 —	245 »	1 10	68 —	» »	5 26
31 —	250 »	1 10	69 —	» »	5 81
32 —	260 »	1 13	70 —	» »	6 17
33 —	280 »	1 12	—	» »	
34 —	300 »	1 15	—	» »	
35 —	310 »	1 15	—	» »	
36 —	325 »	1 18	—	» »	

La moyenne de ces tarifs est de 302 francs 40 centimes, plus les 5 0/0 payés d'avance, cela fait 16 francs 25 0/0 chaque année. Comme on le voit pour avoir l'honneur de faire partie de la Tontine **le Conservateur**, il fallait que l'assuré paie plus de 31 fr. 25 0/0 du montant de son assurance, assurance qui ne lui assure rien, car il est exposé à tout perdre. M. **Sorlin**, 1, rue de la Comédie, à Lyon, avait rempli toutes les formalités. **Le Conservateur** le frappa de forclusion. Sans moi, il aurait tout perdu.

Bien qu'il est interdit aux Sociétés anonymes de changer par des conventions particulières quoi que ce soit aux statuts et règlements qui ont pour objet l'ordre public et l'intérêt des tiers (Cassation, 16 juillet 1838).

Le Conservateur a modifié le tarif de contre-assurance qui était en vigueur lorsque j'étais directeur divisionnaire et que je reproduis ci-dessus, et l'a remplacé par un qui n'a pas moins de quatre pages, lesquelles sont composées de 6 ou 8,000 chiffres. Cette espèce de table de Pythagore ressemble à la forêt de Bondy et a pour principe de faire mal aux yeux de ceux qui veulent les consulter. J'ai beau chercher le motif de ce changement, je ne trouve que celui de porter la moyenne de la contre-assurance à 616.63 au lieu de 302.40 et de faire payer de suite 30 fr. 80 p. 100 de droit de gestion et 30 fr. 80 p. 100 d'annuité, ce qui, joint à plus de 15 p. 100 de droit de gestion de la prime annuelle d'assurance, font plus de 45.80 p. 100 ; ces 45.80 p. 100, payés chaque année, peuvent bien donner droit aux malheureux souscripteurs à concourir dans une association où les plus favorisés ont eu, d'après le dire de Boucherot, jusqu'à 13 ou 16 p. 100. Ces chiffres me paraissaient justes, et pourtant je me dis quel est le souscripteur assez ennemi de ses intérêts pour payer 45.80 p. 100 ? S'exposer à tout perdre ou à toucher 16 p. 100, cela paraît invraisemblable, et pourtant les loteries ne sont pas autre chose; les plus généreuses abandonnent 1/6 pour être réparti entre les favorisés; l'excédant fait la fortune des intrigants ou comble les fautes des Gouvernements ; aussi, ceux qui prennent des billets de loteries ne peuvent pas plus être considérés comme des modèles d'ordre et d'économie que ceux qui souscrivent pour faire partie de la tontine **le Conservateur.**

Dans les deux cas ci-dessus, pour exploiter fructueusement l'imbécilité publique, — comme l'a dit Proudhon, — il faut l'autorisation du Gouvernement. L'autorisation du Gouvernement, voilà qui est efficace, voilà qui est de bon aloi ; parlez-moi de cela. L'autorisation du Gouvernement, c'est un talisman, un remède à tous les maux, ceux qui peuvent l'obtenir ne sont pas inquiétés, quoi qu'ils fassent. Les tribunaux condamnent journellement ceux qui veulent faire croire à des révélations extra-humaines, avec l'autorisation du Gouvernement il n'y a rien à craindre.

EXEMPLE

En septembre 1882, une vieille femme put obtenir du Ministère de l'Instruction publique et des Beaux-Arts l'autorisation de rechercher, au moyen d'une baguette magique, un trésor dans la cathédrale de Saint-Denis, et le « grelot » du 1er octobre 1882, sous le titre de : *Le Triomphe de la Sorcellerie*, donnait une gravure d'Alfred le Petit, laquelle représente une vieille femme couverte de tous les insignes cabalistiques conduisant par le licol un veau docile, lequel portait, sous le bras gauche, un portefeuille ministériel où il était écrit : *Instruction publique ! ! ! ! !*

Puisque la loi du 21 mai 1836 a aboli les loteries parce qu'elles étaient immorales, je m'étonne de les voir autorisées par le gouvernement pour faire ou refaire la fortune de quelques privilégiés comme celle de Saint-Point, qui émettait pendant plusieurs années des quantités de millions de billets. Cette loterie était-elle plus morale que celle que l'Etat a refusé parce qu'elle aurait aidé à vivre aux femmes et aux enfants de malheureux exploités.

Je laisse de côté celles qui ont fini de tirer et de soutirer l'argent aux gogos et celle qui n'ont pas pu obtenir la même autorisation pour examiner les deux qui font aujourd'hui le plus de réclame : 1° celle des Arts décoratifs qui donne 1/8 de l'argent qu'elle pourra attraper.

Sans la presse, une notable partie de ces 16 millions aurait enrichi un Prussien en échange d'une paccotille sans valeur.

La deuxième, celle de Tunisie, annonce à forte réclame qu'elle est la seule qui donne le sixième de son capital, et les 5/6, c'est-à-dire 83 fr. 30 p. 100, vont profiter à des individus que les Français n'ont jamais vu et pour lesquels la sympathie réciproque n'existe pas. Et si quelques-uns des miryades de billets n'étaient pas placés, concourent-ils avec les numéros gagnants?

Je serais curieux de savoir ce que le peuple dirait si un marchand de vins ne servait que 8 ou 16 centilitres par litre à ses clients et qu'il concoure comme eux aux chances de tirage?

Le ridicule et la critique ne sont pas le but que je me propose ; ce que je viens d'esquisser prouve que les gouvernements se trompent comme les particuliers. Je reviens donc à mon sujet et crois plus que jamais que les loteries et les tontines ne devraient pas être autorisées et ne pas se servir du nom du *Gouvernement* pour exploiter indignement le public, ainsi que je l'ai démontré par des calculs irréfutables.

A des chiffres si probants, l'avocat **Carré** a objecté que le droit de gestion et la contre-assurance sont des opérations à part. Le raisonnement de cette avocat morose est aussi sensé que celui d'un individu qui, me sollicitant pour que je lui fasse vendre une maison, calculait la valeur de l'immeuble d'après les engagements de location. J'avais eu occasion d'étudier cette propriété ; je lui expliquais ce qu'elle coûtait d'entretien, d'assurance, de réparations, d'impositions, de balayage, d'eau, de gaz, l'amortissement du capital engagé, etc., etc. Je regardai mon vendeur en lui montrant la différence de ses appréciations, il me dit : Je n'avais pas calculé tout cela, je vois que je suis en perte chaque année au lieu de 10 0/0, que je croyais avoir comme bénéfice.

Je dis à ce propriétaire : vos vues se sont portées sur un immeuble mal fait pendant qu'il vous était facile de choisir quelque chose de perfectionné, les bonnes maisons ne manquent pas.

Je dis de même à ceux qui veulent avantageusement placer leur argent ou contracter des assurances, ils ne manqueront pas de bonnes Compagnies qui leur diront au juste le chiffre qu'ils auront à payer pour avoir une somme déterminée et le jour qu'ils la toucheront, pendant qu'avec **le Conservateur** ils ne sont nullement sûrs de la somme qui leur reviendra, si toutefois ils ne sont pas déchus, ce qui n'est pas rare au **Conservateur.**

JURISPRUDENCE

TRIBUNAL CORRECTIONNEL D'ÉPERNAY (Marne).

Présidence de M. Boury.

Audience du 31 décembre 1881.

DIFFAMATION. — LA COMPAGNIE D'ASSURANCES LE *Conservateur* CONTRE M. LAMARRE.

La Compagnie d'assurances sur la vie **le Conservateur**, se prétendant diffamée par M. Lamarre, ancien inspecteur d'assurances, dans une brochure qu'il avait publiée sous le titre de : **La Vérité sur le Conservateur**, l'avait assigné devant le tribunal correctionnel d'Epernay, sous prévention de diffamation.

Sur cette poursuite, le tribunal, après avoir entendu Me Carré, avocat au barreau de Paris, dans l'intérêt de la Compagnie demanderesse; Me Mathez, avoué, dans l'intérêt du prévenu, et sur les conclusions de M. Boitel, substitut du procureur de la République, a rendu le jugement suivant :

« Le tribunal,

« Attendu que Boucherot. agissant tant pour son compte personnel que comme directeur de la Compagnie d'assurances mutuelles **le Conservateur**, se plaint que Lamarre, depuis moins de trois mois, ait publié une brochure intitulée : **La Vérité sur le Conservateur**, dans laquelle se trouveraient des imputations diffamatoires contre lui et contre ladite Compagnie et qui seraient de nature à leur causer un préjudice considérable; que de plus Lamarre aurait conservé, depuis sa révocation des fonds et des polices appartenant à cette Compagnie et aurait ainsi commis un abus de confiance à son égard. Qu'il conclut en conséquence à ce que Lamarre soit condamné à payer au **Conservateur** une somme de 100,000 fr. et à lui-même 25,000 fr. à titre de dommages-intérêts et à restituer la somme de 7,868 francs, ainsi que 703 imprimés de police d'assurance et 24 polices souscrites par diverses personnes;

« Sur la diffamation :

« Attendu que Lamarre, interrogé à l'audience, a reconnu avoir rédigé et fait publier la brochure **la Vérité sur le Conservateur**, qu'il doit, en conséquence, être déclaré responsable envers le demandeur des allégations contenues dans cet écrit; qu'il prétend toutefois n'avoir agi que pour rendre service au public et avoir non-seulement exercé un droit, mais rempli un devoir, en dévoilant les faits qu'il impute à ladite Société. Qu'ainsi usant de la faculté prévue par l'art. 35 de la loi du 29 juillet dernier, a-t-il demandé à faire la preuve des faits prétendus diffamatoires relevés par la Compagnie **le Conservateur**, et, dans ce but, a fait entendre un certain nombre de témoins et produit de nombreux documents à l'appui de sa défense;

« Qu'il convient donc pour le tribunal d'examiner, si, d'une part, les quatre chefs de diffamation relevés contre lui sont justifiés, et si, d'autre

8

part, en admettant que les éléments dudit délit soient établis, si Lamarre fait la preuve des faits par lui avancés et s'il se trouve par suite à l'abri de toute poursuite, conformément à l'article précité;

« Attendu que Boucherot ès-nom articule d'abord que, dans l'écrit susvisé, Lamarre ne craint pas d'affirmer, de mauvaise foi, que les opérations de la mutualité régie par **le Conservateur** constituent un piège financier, que les souscripteurs sont des dupes; que dans les répartitions, ils ne retrouvent même pas les fonds versés, qu'autrefois ils perdaient 100 pour cent de leur capital et que, depuis la hausse de la rente, ils perdent encore 10 à 15 pour cent;

« Attendu qu'il est constant que le mot piège financier a bien été appliqué par Lamarre aux opérations du **Conservateur,** mais que c'est à tort que Boucherot accuse celui-ci d'avoir soutenu que les souscripteurs du **Conservateur** étaient des dupes; que cette expression ne se retrouve pas dans la brochure; qu'il est vrai que Lamarre y fait allusion aux financiers qui s'occupent de faire leurs affaires au lieu de faire des affaires; qui ne s'inquiètent pas des naïfs avec les fonds desquels ils opèrent, des crédules qui se sont laissés endoctriner; qu'il ajoute : la déception après le mirage, prenez garde, défiez-vous de ces financiers qui font tourbillonner devant vous des promesses; »

« Que, toutefois, ces expressions ont à peu près une signification identique au mot dupe, qu'elles sont corrélatives à la qualification de piège financier, et qu'elles s'appliquent, sans nulle équivoque, aux opérations du **Conservateur,** dont Lamarre prétend que le public serait victime.

« Attendu, d'un autre côté, qu'il est également justifié que Lamarre a soutenu que les souscripteurs de cette Société ne retrouvaient pas les fonds qu'ils avaient versés et qu'ils étaient en perte sur les sommes qu'ils auraient encaissées s'ils avaient fait eux-mêmes l'emploi de leurs capitaux, mais qu'il n'est nullement établi que Lamarre ait affirmé formellement 100 pour cent, et que maintenant ils ne perdent plus qui 10 à 15 pour cent de leur capital; qu'aucun chiffre aussi précis n'est indiqué dans la brochure; que, toutefois, il résulte de l'ensemble des explications contenues dans cet écrit, qu'en réalité, les assurés perdraient une notable partie de leurs capitaux et que les répartitions ne comprenaient pas la totalité des sommes qui leur revenaient;

« Qu'il convient donc d'examiner si les expressions relevées ci-dessus, qui contiennent des imputations de nature à nuire à la considération et à l'honneur de la Compagnie **le Conservateur,** sont justifiées par les preuves apportées par Lamarre à l'appui de sa défense;

« Que, précisant les faits avancés par lui, Lamarre affirme que **le Conservateur** se fait verser, sans aucun droit, au moment de la signature des polices, à titre de droits de gestion, des sommes qui ne lui sont pas dues et fait ainsi un bénéfice illicite;

« Attendu que, par l'article 51 des statuts, **le Conservateur** est autorisé à percevoir, en sus des mises sociales, un droit de gestion qui ne peut excéder 5 pour cent du montant de chaque souscription et ne peut être perçu, sur chaque souscription, qu'après la constitution définitive de la Société pour laquelle elle est faite;

« Qu'il est dit, en outre, dans le dernier alinéa de cet article, que, dans le cas prévu par le quatrième paragraphe de l'article 8 des statuts, c'est-à-dire lorsque les placements dans les Sociétés d'accroissement de capital auraient lieu par des versements annuels égaux entre eux, le droit de gestion serait perçu au moment de l'encaissement de chaque versement annuel;

« Attendu que la Compagnie **le Conservateur** assure tous ses souscripteurs en cas de survie pour des sommes payables par fractions annuelles; que ces imprimés de police sont libellés en ce sens, mais qu'au lieu d'appliquer le dernier paragraphe de l'article 51 de ses statuts, elle insère également dans ses polices cette phrase équivoque : « Il est bien entendu que le dernier paragraphe de l'article 51 n'est pas applicable », et en conséquence exige des souscripteurs, qui ne peuvent vérifier le bien fondé de cette prétention, le paiement immédiat des frais de gestion pour toute la somme assurée;

« Qu'il suit de là que, lorsque les souscripteurs renoncent à leurs assurances ou sont déchus par un motif quelconque, les droits de commission sont retenus par la Société, bien qu'il n'y ait plus aucune gestion en ce qui les concerne;

« Qu'il est établi que la moitié environ des polices sont frappées de déchéances; qu'en faisant en effet le rapprochement du rapport présenté au conseil de surveillance en 1880, avec le compte rendu fourni aux actionnaires, à la même époque, on voit que les souscriptions que la Compagnie appelle *immatriculées* se sont élevées à 9,117,859 francs, tandis que les valeurs souscrites comprenant la totalité des polices signées dans l'année sont de 19,658,386 francs;

« Qu'ainsi, en 1880, la Compagnie a perçu 316,959 francs de droit de gestion, dont la moitié s'applique à des polices annulées; qu'elle a pu de la sorte distribuer à son directeur, à ses employés et à ses actionnaires, à raison de 125 fr. par titre de 500 francs, une somme totale de 237,644 francs;

« Qu'en se faisant ainsi payer en bloc par les assurés, le montant de ses droits de gestion, au lieu de les percevoir par annuités, la Compagnie a contrevenu évidemment à ses statuts qu'elle n'avait pourtant pas le droit de modifier;

« Que vainement prétend-elle qu'elle n'a pas trompé ses assurés, puisque la clause dérogatoire aux statuts était insérée dans les polices, mais que cette circonstance n'a pas de valeur pour le tribunal, qui est appelé à statuer dans un intérêt public et non dans une contestation entre la Compagnie et un assuré sur la validité du contrat que celui-ci aurait signé;

« Qu'en agissant ainsi, contre ses statuts, en faisant croire aux assurés que l'article relatif à la division des frais de gestion ne leur était pas applicable, ce qui lui était d'ailleurs facile par la longueur du texte de ces statuts imprimés sur les polices en caractères minuscules, **la Compagnie a réussi à se créer des bénéfices considérables d'une façon peu honorable;** que peu lui importait, en effet, il faut le reconnaître, si les souscriptions qui lui étaient procurées par ses agents, dont elle excitait l'émulation par des primes importantes, étaient ou non sérieuses, puisque, du moment où elle avait touché ses frais de gestion; les souscriptions frappées de déchéances devenaient pour elle d'autant plus avantageuses qu'elle avait moins à s'en occuper et que, par leur nombre de plus en plus fort, elles augmentait le nombre des dividendes à distribuer à ses actionnaires, ce qui l'inquiétait évidemment plus que les répartitions à faire aux assurés, sur lesquelles il ne devait rien lui revenir; qu'elle avait un intérêt de faire d'autant plus d'assurances douteuses; qu'on comprend alors avec quel soin elle recommande à ses agents de faire tout d'abord payer ses frais de gestion, et de bien faire comprendre aux assurés qu'ils ne paient pas de prime en soldant le montant des droits de gestion, et pourquoi elle n'immatricule pas ses polices souscrites aussitôt qu'elles lui sont adressées par ses agents afin de n'avoir aucun compte à rendre des sommes qu'elle a reçues, ni au gouvernement ni à ses assurés. Qu'il est donc démontré qu'en agissant ainsi, contrairement à ses statuts, *la Compagnie a trompé le public et que l'imputation de Lamarre sur ce point est suffisamment justifiée;*

« Attendu, d'autre part, que celui-ci soutient qu'après avoir aliéné son capital pendant vingt-deux ans, couru pendant ce temps tous les risques de mortalité, déchéance et forclusion, l'assuré reçoit en définitive une somme moins forte que s'il avait capitalisé lui-même ses annuités;

« Qu'il produit à l'appui de son dire certains exemples dans lesquels effectivement les assurés du **Conservateur** se seraient trouvés en perte, mais que **le Conservateur** soutient que ces calculs ne sont pas sérieux, que Boucherot justifie de certains états de répartitions aux termes desquels les assurés auraient reçu des dividendes élevés, variant de 15 à 20 pour cent;

« Attendu tout d'abord qu'il est dès à présent certain que le décompte fourni par Lamarre est inexact; qu'il fait entrer dans son calcul les sommes payées par la contre-assurance souscrite par l'assuré en cas de survie, pour retrouver, même en cas de décès, les sommes assurées; que ce sont là deux contrats absolument distincts, exclusifs l'un de l'autre; et qu'il faut défalquer les sommes de ce chef pour savoir ce que l'assuré en cas de survie a effectivement payé;

« Mais attendu d'autre part, que l'assurance dont il s'agit n'a jamais été considérée comme un placement de capitaux devant fournir un intérêt plus ou moins avantageux; que les polices étaient faites pour arriver à l'accroissement du capital au moyen de la capitalisation immédiate des intérêts; qu'il ne s'agit donc pas, ainsi que le fait **le Conservateur,** de rechercher le taux moyen du placement, mais le chiffre définitif de l'opération;

« Qu'il est impossible pour le tribunal de savoir sur quels éléments les répartitions faites par **le Conservateur** ont été calculées, si les chiffres fournis ne sont pas sincères, ainsi que l'affirme Lamarre, et s'ils sont des exemples choisis à dessein; que l'état inséré au *Journal officiel* ne peut donner aucune lumière sur ce point, puisqu'il ne contient qu'un extrait desdites répartitions;

« Qu'il est certain d'ailleurs que la hausse qui s'est produite sur les rentes n'a pas été sans influence sur l'importance des sommes réparties aux assurés;

« Mais que, d'un autre côté, les exemples fournis par Lamarre ne sont pas, à eux seuls, suffisamment probants pour démontrer que **le Conservateur** trompe le public en ne distribuant pas toutes les sommes qui devaient entrer dans les répartitions annuelles;

« Qu'il soutient, il est vrai, qu'étant donnés les comptes rendus fournis chaque année à la commission de surveillance des assurés, la Compagnie est matériellement dans l'impossibilité de fournir les dividendes qui sont distribués, mais qu'il est, dès à présent, établi que ces dividendes sont pris sur les frais de gestion, ainsi qu'il est dit ci-dessus; que, toutefois, il faut reconnaître que l'allégation de Lamarre consistant à prétendre que le gouvernement aurait forcé la Compagnie à recommencer ses répartitions parce qu'il serait resté quelques billets de mille dans le fond d'un tiroir, allégation qui n'a pas, du reste, été relevée comme diffamatoire et dès à présent reconnue exacte;

« *Qu'en effet, il résulte d'une circulaire du* Conservateur, *en date du 26 mars 1880, que le ministre du commerce a annulé la répartition de 1879, notamment de 6,629 fr. 72 c., qui n'aurait pas été employée en rentes sur l'Etat;*

« Qu'il est d'ailleurs impossible pour le tribunal d'ordonner une vérification des écritures de la Compagnie, qui ont été contrôlées par le gouvernement et soumises à l'approbation du conseil de surveillance des assurés;

« Que Lamarre, sur ce point, ne fait pas la preuve complète de ses allégations, mais que la preuve de la première partie du fait articulé suffit, à elle seule, pour faire écarter complètement le délit de diffamation en ce qui le concerne;

« Attendu, sur le deuxième point articulé, que Boucherot soutient que Lamarre, dans sa brochure, aurait prétendu que le directeur et les administrateurs de la Société, au lieu de faire des fonds versés l'emploi prévu par les statuts, s'en serviraient pendant un certain temps pour leur compte personnel en les employant en reports et se feraient ainsi 100,000 francs de rentes;

« Qu'il affirme *que les fonds versés par les souscripteurs et qui doivent être, dans les cinq jours, convertis en rentes sur l'Etat, ne le sont à peine que trois mois et demi à quatre mois plus tard;*

« Que, *sur ce point, le tribunal a dès à présent la preuve que toutes les sommes reçues ne sont pas inscrites sur les livres aussitôt leur encaissement;*

« Que cette preuve résulte de la déclaration faite par la Compagnie **le Conservateur** dans une poursuite correctionnelle intentée contre Lamarre par les sieurs Tabouret et Lafleur, se présentant comme victimes d'abus de confiance;

« Que la Compagnie a été obligée de reconnaître qu'elle avait à tort affirmé n'avoir pas encaissé les primes payées par les plaignants, tandis qu'elles lui avaient été depuis longtemps adressées par Lamarre; qu'il paraît en être de même dans une poursuite suivie à Saint-Mihiel contre le nommé Pigny;

« Qu'il ressort également des deux notes versées au débat sur ce point par **le Conservateur**, relatives aux primes payées par les nommés Bruyant et Grosjean, qu'aucune de ces primes n'a été employée en rentes dans les cinq jours de la réception des fonds;

« Que la circulaire du 26 mars 1880 précitée vient ajouter une nouvelle preuve péremptoire à cet égard;

« Que Lamarre justifie également de nombreuses plaintes de personnes assurées par ses sous-agents et à qui les quittances des sommes versées à la Compagnie n'étaient envoyées que longtemps après leurs versements;

« Que le Tribunal n'a pas à rechercher d'autres exemples à l'appui des dires de Lamarre; qu'il ne peut notamment ordonner la production des livres de la Compagnie, lesquels seuls ne seraient pas suffisants pour démontrer la régularité des encaissements; qu'il faudrait ordonner ainsi la confrontation de ces écritures avec les bordereaux des agents constatant l'envoi des fonds des assurés; que le Tribunal ne peut, sous le couvert d'une instance en diffamation, ordonner d'office la vérification complète de la comptabilité de la Compagnie **le Conservateur**;

« Que cependant, s'il est démontré suffisamment et sans qu'il y ait lieu de recourir à d'autres preuves, *que* **le Conservateur** *et Boucherot, son directeur, n'ont pas fait l'emploi des fonds qui lui étaient adressés dans le délai statutaire,* il n'est pas justifié qu'ils les aient détournés pendant trois ou quatre mois à leur profit; qu'ils en aient fait un usage personnel et notamment les aient employés en reports; que s'il est vrai Lamarre, dans sa brochure, dit seulement qu'avec un tiers des encaissements du **Conservateur** placés en reports, on peut se faire 100,000 fr. de rentes, cette insinuation est bien l'équivalent d'une accusation formelle contre ladite Compagnie et son directeur d'en agir ainsi;

« Que sur ce point il faut reconnaître que Lamarre ne fait aucune preuve *et qu'il lui est en effet, pour ainsi dire, impossible de la faire;*

« Qu'il est donc constant que, sur ce point, le délit de diffamation est justifié;

« Attendu qu'en troisième lieu le demandeur soutient que Lamarre aurait accusé Boucherot, directeur de la Compagnie **le Conservateur**, d'avoir fondé une caisse de prêts et avances dans un but malhonnête et avec un capital fictif et d'avoir spéculé sur les titres de la Société;

« Attendu que, sur ce point, *il résulte des témoignages recueillis à l'audience d'une façon positive que la* **Caisse des Prêts** *a été effectivement fondée par Boucherot, pourvue d'un conseil d'administration composé des mêmes personnes que celui du* **Conservateur**, *d'un directeur sorti des bureaux de cette Société; que la souscription aux actions a été faite dans les bureaux du* **Conservateur** *même*, et que les opérations de cette caisse se font à l'aide d'imprimés où il n'est question que des assurances du **Conservateur**, et à l'aide de renseignements fournis par cette Société qui *viole ainsi le secret qu'elle doit à ses assurés au profit de cette caisse;*

« Que, d'autre part, il résulte tant du témoin veuve Bernard, entendu à l'audience, que des documents en quantité considérable versés aux débats par Lamarre, que la **Caisse des Prêts** a racheté à de nombreux assurés du **Conservateur** des contrats arrivés à échéance et à des prix *dérisoires*, faisant ainsi un bénéfice absolument *illicite* sur ceux-ci;

« Que la **Caisse des Prêts** n'était évidemment qu'une émanation du **Conservateur**, lequel, d'après ses statuts, ne pouvait racheter ses contrats; qu'il est suffisamment démontré que les opérations de cette caisse, facilitées par **le Conservateur**, *n'ont été faites que pour le compte de cette Société;*

« Que, sur ce point, la preuve du fait allégué est absolument faite par Lamarre;

« Sur le quatrième point :

« Que Boucherot articule enfin que Lamarre, d'un bout à l'autre de sa brochure, annonce la ruine complète et prochaine du **Conservateur**, après un succès éphémère, dit « La Roche Tarpéienne après le Capitole », et ne craint pas d'affirmer que ce nom est synonyme de désastre;

« Mais attendu que, sans avoir à s'expliquer sur la nature des opérations de cette Société, il est impossible de reconnaître dans ces expressions l'imputation d'un fait positif, personnel au demandeur et qui serait de nature à nuire à sa considération; que ces mots ne sont qu'une appréciation des conséquences que peuvent avoir pour le **Conservateur** les agissements qui lui sont reprochés par l'auteur de la brochure; que le Tribunal ne saurait y voir le délit de diffamation;

« En ce qui touche l'abus de confiance, délit relevé par Boucherot :

« Attendu que celui-ci prétend que, malgré sa révocation des fonctions d'agent général qui lui a été notifiée le 27 janvier dernier, Lamarre détient indûment du matériel qui ne lui avait été confié que pour l'exercice de son mandat, et des fonds qu'il a reçus en cette dite qualité, et qu'il refuse de les restituer, malgré les sommations qui lui en ont été faites;

« Mais attendu que Lamarre ne méconnaît pas avoir entre les mains les sommes réclamées, parce qu'il les a même offertes à la barre, ainsi que les polices dont s'agit, mais qu'il prétend être lui-même créancier du **Conservateur** d'une somme importante;

« Qu'il justifie d'une instance en dommages-intérêts suivie par lui contre cette Société, et que, dans ces conditions le délit d'abus de confiance n'est pas suffisamment établi;

« Qu'il y a lieu toutefois d'ordonner que Lamarre devra remettre les sommes dont il est détenteur et le matériel qui lui est réclamé, sous la réserve de ses droits contre le demandeur;

« Par ces motifs,

« Statuant sur les conclusions du ministère public,

« Renvoie le prévenu des fins de la plainte sur le chef d'abus de confiance,

« Dit qu'il existe contre Lamarre charges suffisantes d'avoir, depuis moins de trois mois, et notamment dans l'arrondissement d'Epernay, publié une brochure intitulée : *La Vérité sur le Conservateur,* dans laquelle il a prétendu que **le Conservateur** et le directeur Boucherot se faisaient 100,000 francs de rentes en employant en reports les fonds versés par les assurés;

« Que ce fait constitue le délit de diffamation prévu par les art. 23, 29 et 32 de la loi du 29 juillet 1881;

« Faisant application desdits articles;

« Condamne Lamarre en 50 francs d'amende;

« Le renvoie des fins de la plainte sur tous les autres chefs relevés comme diffamation par la prévention;

« Et statuant sur les conclusions de la partie civile;

« Attendu qu'il est dès à présent suffisamment démontré que, par cette allégation, Lamarre a causé au **Conservateur** et à Boucherot personnellement un préjudice dont il leur est dû réparation;

« Que, pour l'appréciation de ce préjudice, il faut considérer *que la plupart des faits contenus dans la brochure de Lamarre sont reconnus exacts; qu'ils ont une extrême gravité au point de vue de la moralité des opérations du* **Conservateur**; que cette brochure n'a été publiée qu'après une révocation prononcée contre Lamarre pour des motifs non définis; que ceux allégués par la Compagnie et tirés de la conduite privée de l'inculpé ne sont que des prétextes; que Boucherot a eu le tort grave d'accuser Lamarre d'avoir commis des faux dans les actes d'état civil de ses enfants, sans avoir constaté suffisamment la la fausseté de ces actes, alors que les prétendues mentions fausses n'avaient aucun intérêt appréciable, surtout pour le demandeur;

« Que, d'un autre côté, *il faut reconnaître que Lamarre qui, pendant vingt ans, a été agent général de la Compagnie et qui a gagné des sommes importantes à son service eût dû, moins que tous autres, dévoiler les faits qu'il reproche aujourd'hui et dont il a profité dans une certaine mesure;*

« Que le Tribunal a les éléments suffisants pour évaluer le montant du préjudice qu'il a causé aux demandeurs;

« Condamne Lamarre à payer à la Compagnie **le Conservateur** la somme de 100 francs et à Boucherot personnellement celle de 50 fr. à titre de dommages-intérêts;

« Dit que dans le mois du présent jugement il devra restituer à la Compagnie la somme de 7,868 francs par elle réclamée, ainsi que les 703 imprimés de polices d'assurances, et les 24 polices souscrites, sinon qu'il sera fait droit;

« Dit qu'il n'y a lieu d'ordonner l'insertion du présent jugement;

« Et condamne Lamarre aux dépens. »

Le jugement d'Epernay que je viens de retracer
Etait si écrasant pour le Conservateur
Qu'il jura de ne pas s'arrêter,
Avant de le faire casser.
Ainsi il décida que ce n'était pas trop,
D'adjoindre Donquichotte à Souchot
Il fallait les voir déblatérer
Contre l'adversaire qui n'était pas représenté
Dans ces conditions est-ce un succès
Que le jugement sans lunettes ci-après :

COURS D'APPEL CORRECTIONNEL DE PARIS

Audience du 21, 22 et 23 Mars 1882

LE CONSERVATEUR CONTRE LAMARRE

La Cour, adjugeant...

« La Cour,

« Adjugeant le profit du défaut prononcé contre Lamarre à l'audience du 21 mars 1882, et statuant sur l'appel interjeté par Boucherot du jugement susdaté et énoncé, ensemble sur les conclusions prises devant la Cour au nom de Boucherot et y faisant droit.

« Statuant au fond,

« Donne acte à Boucherot de ce qu'il accepte le débat sur l'enquête ordonnée par le tribunal d'Epernay, le 12 novembre 1881, à la requête de Lamarre, offrant la preuve des faits diffamatoires ;

« En ce qui touche l'abus de confiance imputé à Lamarre :

« Adoptant les motifs des premiers juges,

« Confirme de ce chef le jugement dont est appel ;

« En ce qui touche la diffamation :

« Considérant que Lamarre, ancien agent général de la Compagnie, a publié une brochure intitulée : *La vérité sur* **le Conservateur ;**

« Que, dans son assignation, Boucherot relève dans cette brochure, comme constituant des diffamations, diverses imputations dont Lamarre a prétendu faire la preuve devant le tribunal ;

« I. En ce qui touche la première de ces imputations, à savoir que les opérations de mutualité régies par la Compagnie **le Conservateur,** constituent un piège financier ; que les souscripteurs sont des dupes ; que, dans les répartitions, ils ne retrouvent même pas les fonds versés ;

« Considérant qu'il n'est produit à la Cour aucune preuve à cet égard ; qu'il paraît, au contraire, résulter des documents communiqués par la Compagnie, que les répartitions ont été faites régulièrement et ont procuré aux souscripteurs des avantages importants.

« II. En ce qui touche l'allégation de Lamarre, à savoir que le résultat désastreux qu'il indique s'explique par ce fait que le directeur et les administrateurs de la Société, au lieu de faire des fonds versés par les souscripteurs l'emploi prescrit par les statuts, s'en servent pendant quatre mois de l'année en les employant en reports pour leur compte personnel, et se font ainsi 100,000 fr. de rente ;

« Considérant que la preuve de cette allégation ne résulte pas de l'enquête faite devant le tribunal d'Epernay ; qu'aucun document de nature à l'établir n'a été communiqué à la cour ;

« III. En ce qui touche l'imputation formulée contre Boucherot, qu'il a fondé dans un but malhonnête, et avec un capital fictif, une Société anonyme dite **Caisse des Prêts** ; et qu'il a spéculé sur les titres de cette Société, en abusant de sa situation de directeur de la Compagnie **le Conservateur** ;

« Considérant qu'en l'état, il n'est point justifié que les spéculations que signale Lamarre aient eu lieu ;

« Qu'il n'est point établi davantage qu'une confusion ou une corrélation d'intérêts *aient existé entre la Compagnie* **le Conservateur** *et les fondateurs ou actionnaires de la* **Caisse des Prêts** (1).

« IV. En ce qui touche le grief relevé par Boucherot et tiré de ce que Lamarre annonce d'un bout à l'autre de sa brochure la ruine complète et prochaine de la Société **le Conservateur**, après un succès éphémère, « la Roche Tarpéienne après le Capitole », et affirme que son nom est déjà synonyme de désastre ;

« Considérant que les termes employés par Lamarre et relevés par Boucherot, ne contiennent pas l'imputation d'un fait précis et personnel soit à Boucherot, soit aux administrateurs de la Société ; qu'ils renferment seulement une appréciation générale sur le présent et l'avenir de la Société qui ne dépasse pas, malgré la vivacité des termes, les limites de la critique, et ne peuvent être considérés comme contenant les éléments d'un délit.

« V. En ce qui touche l'imputation diffamatoire attribuée à Lamarre, à savoir que la Compagnie percevrait, au moment de la signature des polices, à titre de droit de gestion, des sommes qui ne sont point dues aux termes de ses statuts et se procurerait ainsi des bénéfices illicites ;

« Qu'en fait, les premiers juges paraissent avoir confondu les dispositions relatives aux frais de gestion applicables, aux termes de l'article 51, paragraphes 1, 2, 3, 4 des statuts, aux Sociétés d'accroissement de capital ordinaires, avec celles applicables, aux termes de l'article 51, paragraphe 5, à des Sociétés constituées dans les conditions exceptionnelles visées par l'article 8, paragraphe 4 des statuts ;

« Que, pour les Sociétés ordinaires, le droit de gestion 5 0/0 peut légitimement, aux termes de l'article 51, paragraphes 1,2, 4 des statuts, être perçu lors de la signature de la police sur le montant total de la souscription ;

« Que, pour les Sociétés spéciales visées par l'article 8, paragraphe 4, le droit de gestion ne peut être perçu aux termes de l'article 51, paragraphe 5, que sur le montant successif de chaque placement annuel ;

« Que la Compagnie déclare n'avoir jamais organisé aucune de ces Sociétés spéciales ;

« Que le contraire n'a pas été articulé par Lamarre ;

« Que le jugement, en déclarant dans un de ses motifs : « Que la Compagnie avait contrevenu à ses statuts et réussi à se créer des bénéfices « considérables d'une façon peu honorable, » a, par cette affirmation inexacte, aggravé le préjudice déjà causé au **Conservateur** par la brochure de Lamarre ;

---

(1) Si un teinturier dit avec raison au juge (qui lui commandait d'ôter un gant pour prêter serment) de mettre ses lunettes, le compte rendu sténographique et les incidents qui se produisirent le 25 juillet 1881 à l'assemblée générale de la Caisse des Prêts, lesquels sont reproduits de la page 87 à 98 de la présente brochure, prouvent que les juges qui composaient la Cour correctionnelle de Paris, le 21, 22 et 23 mars 1883, n'avaient pas mis leurs lunettes, lorsqu'ils considéraient qu'il n'y avait pas de corrélation d'intérêt entre la Compagnie **le Conservateur** et les fondateurs ou actionnaires de la **Caisse des Prêts.**

« Qu'en l'état, il n'y a lieu, de ce chef, de considérer comme faite la preuve offerte par Lamarre et comme fondés les motifs donnés par les premiers juges ;

« Considérant qu'il résulte de ce qui précède que Lamarre a publiquement diffamé la Compagnie **le Conservateur** sur les chefs susvisés ;

« En ce qui touche les dommages-intérêts :

« Considérant qu'il résulte des documents fournis à la Cour que le préjudice causé par Lamarre à la Compagnie **le Conservateur** à Boucherot, est beaucoup plus considérable que celui arbitré par les premiers juges à raison des faits de diffamation retenus ;

« Que la Cour a les éléments suffisants pour en déterminer le montant !

« Par ces motifs,

« Faisant droit sur l'appel de la partie civile seulement, le ministère public ni Lamarre n'ayant pas interjeté appel ;

« Déclare Lamarre coupable de diffamation publique envers la Compagnie **le Conservateur** et envers **Boucherot** personnellement ;

« Condamne Lamarre, par toutes les voies de droit et même par corps, à payer à la Compagnie **le Conservateur** la somme de 10,000 fr., et à **Boucherot** personnellement la somme de 5,000 fr. à titre de dommages-intérêts ;

« Autorise **Boucherot** à faire insérer les motifs et dispositif du présent arrêt dans cinq journaux de Paris et cinq journaux de province, au choix de la partie civile, aux frais de Lamarre, sans que l'ensemble des frais d'insertions puisse dépasser 2,000 francs.

« Infirme sur les chefs ci-dessus le jugement du Tribunal d'Epernay du 31 décembre 1881, le jugement au résidu sortissant effet ;

« Condamne Lamarre aux frais liquidés à 28 fr. 14 c. avancés par le Trésor ;

« Déclare la partie civile tenue des frais avancés par le Trésor, sauf son recours de droit :

« Fixe à deux ans contre Lamarre la durée de la contrainte par corps, s'il y a lieu de l'exercer pour le recouvrement des amendes, dommages-intérêts et frais ;

« Fait et prononcé au Palais de Justice, à Paris, le jeudi 23 mars 1882, en l'audience publique de la Cour où siégeaient comme aux audiences publiques des mardi 21 et mercredi 22 mars 1882, en présence du ministère public, M. Manau, président, MM. Fauconneau, Dufresne, Lefebvre de Viefville, Paillet, Faure, Biguet, Limpérani et Genest, conseillers, lesquels, ainsi que Mes Paillard et Wilmer, greffiers, ayant tenu la plume, le premier à l'audience du 21 mars et le second aux autres audiences, ont signé le présent arrêt :

« En conséquence, le président de la République française mande et ordonne à tous huissiers sur ce requis de mettre le présent arrêt à exécution.

« Aux procureurs généraux et aux procureurs de la République près les tribunaux de première instance d'y tenir la main ;

« A tous commandants et officiers de la force publique de prêter main-forte lorsqu'ils en seront légalement requis ;

« En foi de quoi la minute du présent arrêt a été signée par le président, par les conseillers et par le greffier ;

« En marge de la minute du présent arrêt se trouve la mention d'enregistrement suivante :

« Visé pour timbre et enregistré à Paris le 30 mars 1882, folio 165, recto, case 8, reçu 372 fr. 79 c., signé Dablanc.

» Par la Cour,

» *Signé :* MARMAGNE.

» Pour copie conforme :

Signé : GAVIGNOT. »

SIMPLE QUESTION

Cette signature **Gavignot** me paraît ici bien mal placée ; elle me décide à faire une simple question : cet avoué **Gavignot** est-ce le même **Gavignot** que M. **Crétey**, ex-notaire, lorsqu'il présidait le 25 juillet 1881 l'assemblée générale de la **Caisse des Prêts** appelait, ainsi que **Boucherot**, directeur du **Conservateur**, à remplir les fonctions de scrutateur parce que ces deux messieurs qui étaient deux membres marquant du **Conservateur** étaient aussi les plus forts actionnaires de la **Caisse des Prêts** ?

Voir page 87 de la présente brochure.

Et ce *président* est-ce le même qui liquidait la faillite de la Société de charronnage, dont le siège était à Courbevoie, et est-ce toujours ce même M. **Crétey** qui, en 1881, était président du Conseil d'administration de la Société financière de **Prêts** dont le siège est à Paris, 9, rue Taitbout, si oui, M. **Crétey** peut dire comme ceux qui s'étonnent comment l'esprit vient aux filles, *je ne sais comment m'exprimer en français, tant pis si un texte latin m'est nécessaire* **Audaces fortuna juvat** car comment l'homme qui est capable de remplir tant de postes importants et de faire autre chose ait pu tout d'un coup s'apercevoir qu'il avait plus d'étoffe qu'il n'en faut pour faire un notaire de campagne.

Jean Frollo, dans son spirituel article, a dit le 1er mars 1883 : « Des négociants ont obtenu du Préfet de Police que les découvertes, — découvertes que l'analyse trouve dans la falsification des denrées alimentaires, — ne seraient plus publiées ; il estime que ce silence équivaut à une prime à l'empoisonnement. »

Le Préfet de Police est-il le seul qui, par des arrêts ou des promesses irréfléchies, encourage le mal ?

J'ai entendu, le 2 janvier 1883, la lecture d'un jugement de la Cour correctionnelle de Paris, tout en flétrissant **le Conservateur**, condamner celui qui est l'auteur que les fautes inqualifiables ont été découvertes à payer 1,000 francs à cette Compagnie coupable et 1,000 francs à M. Boucherot, directeur de cette Compagnie ; la Cour elle-même reconnaissait bien que ces fautes étaient délictueuses et violaient les statuts.

Si la magistrature ne s'arrête pas, on verra celui qui se plaint d'avoir été volé, condamné à payer une forte amende au voleur, bien que le vol dont il s'est rendu coupable compromette sa considération. Ce sera joli, n'est-ce pas ?

L'affaire est en Cassation.

Que dira de cela la Cour suprême ?

De tout ce qui précède et de ce qui va suivre il découle tant de vérité que toutes les finasseries des avoués, avocats et notaires qui composent **le Conservateur** ne pourraient les refuter.

L'extrait des promesses fallacieuses du prospectus menteur de la Compagnie **le Conservateur**, que je reproduis à la page 109, se termine par les Extraits des ordonnances que je transcris ci-après :

EXTRAITS des ordonnances portant autorisation de la Société anonyme LE CONSERVATEUR, et réglant le mode de la surveillance par l'Etat sur les opération de cette Compagnie.

« EXTRAIT DE L'ORDONNANCE DU 2 AOUT 1844

« LOUIS-PHILIPPE, Roi des Français, à tous présents et à venir, salut.

« Sur le rapport de notre ministre secrétaire d'Etat au département de l'agriculture et du commerce, etc.

« Nous avons ordonné et ordonnons ce qui suit :

« Art. 1er. La Société anonyme formée à Paris (Seine) sous la dénomination *Le Conservateur,* Compagnie pour la formation et la gestion de Sociétés d'assurances mutuelles sur la vie, est autorisée.

« Art. 4. La Société sera tenue de remettre, tous les six mois, au ministère de l'agriculture et du commerce, au préfet du département de la Seine, au préfet de police, à la Chambre de commerce et au greffè du tribunal de commerce de Paris, un extrait de son état de situation, ainsi que celui des différentes associations qu'elle est autorisée à former et à administrer.

« Elle devra, en outre, adresser tous les ans à notre ministre de l'agriculture et du commerce, sur ses opérations, un rapport détaillé contenant tous les renseignements propres à faire apprécier la nature et les effets des associations formées par ses soins. »

« EXTRAIT DE L'ORDONNANCE DU 12 JUIN 1842

« Art. 1er. La surveillance prescrite par nos ordonnances sur les opérations des Sociétés et Agences tontinières sera exercée, sous l'autorité de notre ministre de l'agriculture et du commerce, par une Commission spéciale composée de cinq membres, y compris le président.

« Art. 4. Les membres de la Commission, dans chaque établissement, prendront communication des livres, registres et documents propres à éclairer leur surveillance.

« Ils constateront, au moins une fois par semaine, la situation des Sociétés ouvertes ou formées, le nombre des admissions, le montant des mises versées, leur emploi en rentes sur l'Etat, et généralement l'accomplissement des formalités prescrites par les statuts de chaque Agence pour la constitution, l'administration et la liquidation des Sociétés, et pour la distribution soit des arrérages, soit des capitaux » (1).

La lettre page 126 ne va-t-elle pas prouver que la commission des agences tontinières ne s'est pas occupée de la distribution que devait faire **le Conservateur**, soit de mes arrérages, soit de mes capitaux ainsi que le prescrit l'ordonnance ci-dessus.

---

(1) L'extrait des ordonnances royales inspirent confiance et facilitent **le Conservateur** à faire souscrire les gogos.

Ces ordonnances sont-elles observées? Qui a-t-il de vrai dans l'art. 4, car sur les douze plaintes que j'adressais le 21 mai 1878 aux autorités auquelles **le Conservateur** doit rendre des comptes, quatre m'ont répondu qu'ils ne connaissaient pas **le Conservateur.**

La seconde dit : une Commission composée de cinq membres y compris le président.

Les membres de la Commission, dans chaque établissement prendront communication des livres, registres et documents, propres à éclairer leur surveillances.

Ils constateront au moins une fois par semaine, etc. .... pour la liquidation des Sociétés et pour la distribution soit des arrérages, soit des capitaux.

COMMISSION DES AGENCES TONTINIÈRES

J'ai voulu savoir qu'elle était cette commission des Agences tontinières si infaillibles que **le Conservateur** met si bien en avant pour masquer ses fautes.

Pour avoir ce renseignement, il ne fallait pas le demander au **Conservateur**.

Je me rendis à la **Caisse Paternelle** qui liquide plusieurs tontines, et j'y demandais le nom des membres de la Commission de surveillance nommée par le Gouvernement; le chef des comptes de liquidation me répondit : ici, nous ne voyons que le Président, M. **Mallet**; je fus le trouver et lui dis qu'après m'être adressé à tout le monde, je venais le prier de me dire à qui il fallait m'adresser pour savoir ce qui m'avait été attribué dans la répartition de l'exercice 1878, de la tontine gérée par **le Conservateur**. M. **Mallet** me dit : ce n'est pas moi qui m'occupe du **Conservateur**, c'est M. **Lacordère**. Le nom est facile à se rappeler, car un prédicateur a immortalisé un nom semblable. Je demandai aussi à M. **Mallet** quel était le nom des autres membres, il me dit : les autres, mais il n'y en a plus qu'un et je serais bien embarrassé de vous dire son nom; il n'y a que six mois qu'il est nommé, je ne l'ai pas encore vu... *(sic)*.

Je me rendis près de M. **Lacordère**. Après avoir gravi cinq étages, je sonnai, ce fut M. **Lacordère** qui vint m'ouvrir. Je lui expliquai la démarche que j'avais faite auprès de M. **Mallet** et lui dis que c'était M. **Mallet** qui m'avait donné son adresse et qu'il m'avait conseillé de lui demander de fixer l'heure et le jour où il irait au **Conservateur**. M. **Lacordère** me répondit qu'il ne devait compte de ses démarches qu'au ministre (auquel j'avais écrit), qu'il avait répondu et qu'il ne me dirait rien. Puis il vint me conduire. Une fois la porte fermée, j'entendis un éclat de rire qui n'avait rien de spirituel.

Il y a quelque chose qui me parait anormal : les tontiniers paient plusieurs milliers de francs par an psur entretenir des commissions pour les surveiller ; si un rapport faisait supprimer des tontines, naturellement les milliers de francs ne seraient plus payés et il n'y aurait plus besoin de commissions. Est-ce logique ?

L'inutilité des recherches qui ont été faites au ministère des finances prouve que **le Conservateur** fait encore plus d'erreurs que n'en signale le **Scrutateur financier**, dans le numéro du 3 juillet 1882, et ce n'est pas peu dire.

Fort heureusement la loi du 29 juillet 1881, qui autorise la critique appuyée de faits écrits, rend possible la production des pièces officielles que j'ai transcrit, notamment la réponse que M. **Cochery**, ministre des postes et télégraphes, me fit faire lorsqu'il faisait l'intérim du ministère du commerce, où on lit avec surprise que la commission des agences tontinières, à qui on avait soumis mes justes réclamations estime que les statuts du **Conservateur** ne s'opposent pas aux opérations dolosives que **le Conservateur** faisait au préjudice de ses assurés!!! et après une pareille réponse, M. le ministre estime que la commission de surveillance des agences tontinières constitue une enquête permanente toujours ouverte et qu'il n'y a pas lieu à en ouvrir une autre, etc., etc.

MINISTÈRE
DES FINANCES

DIRECTION
DE LA DETTE INSCRITE

Fin. Imp. Séris E., n° 79. (Août 18 1.)

Monsieur

Monsieur THÉBAULT,

19, rue Bichat, 19

à PARIS

Dép^t d

---

(7)

MINISTÈRE
DES FINANCES

Directeur
de la Dette inscrite

Service des Rentes

Nota. Toutes les lettres doivent être sur papier timbré et adressées au Ministre des finances avec l'indication : **Dette inscrite.**

8783

Paris, le 4 juillet 1882.

Le Directeur de la Dette inscrite
à Monsieur Thébault.

« Monsieur, j'ai l'honneur de vous informer que je renvoie à M. le Ministre du Commerce, comme rentrant plus spécialement dans ses attributions, la plainte que vous m'aviez adressée le 2 juin 1882 relativement aux répartitions en rentes effectuées par l'agence tontinière *le Conservateur*.

« Les opérations de cette nature sont en effet soumises à la surveillance du Ministère du Commerce, et le rôle du Trésor se borne, en pareil cas, à inscrire au Grand-Livre les rentiers qui lui sont indiqués par les Compagnies intéressées comme devant prendre part aux répartitions.

« Les vérifications provoquées par votre lettre précitée m'ont d'ailleurs permis de constater qu'il a existé au livre des 3 0/0, sous le n° 111,424 de la 8e série, une inscription de 20 francs au nom de Thébault (François-Jean-Michel); cette rente qui provenait d'un transfert requis le 15 décembre 1867 par *le Conservateur*, a été vendue le 18 janvier 1869 (v^t n° 2928), sous la certification de M. Bianchi, agent de change.

« J'ai, Monsieur, l'honneur de vous saluer. »

Signé : MEBON.

Le déclin et la décadence des nations les plus florissants, tels que la Grèce, ont eu pour cause l'irresponsabilité gouvernementale, c'est pour éviter une pareille calamité pour la France que l'on lisait dans les journaux du 6 mars 1883, la note ci-après :

« LA RESPONSABILITÉ MINISTÉRIELLE

« La question de la révision de la Constitution est à l'ordre du jour : il y a beaucoup à enlever dans les articles de cette Constitution ; mais il y a aussi beaucoup à ajouter.

« Nous faisons cette réflexion au sujet d'une proposition de loi de M. **Guichard,** député de l'Yonne, qui a pour but d'établir la responsabilité ministérielle chaque fois qu'un membre du cabinet aura agi sans l'assentiment des Chambres et, particulièrement, lorsque ce ministre aura dépassé les crédits mis à sa disposition en vue d'un objet déterminé.

« M. **Guichard** rappelle que M. **Caillaux,** ministre des travaux publics au Seize-Mai, a dépensé, pour la reconstruction du pavillon Marsau, aux Tuileries, une somme beaucoup plus considérable que celle qui avait été votée par le Parlement : M. **Caillaux** a porté au chiffre de neuf millions de francs des travaux qui sont évalués à deux millions à peine ; à ce propos, la Chambre a voté un blâme à M. **Caillaux** ; mais il n'en est pas moins vrai que sept millions ont disparu des caisses de l'Etat et que jamais on ne les reverra.

« Dans ses conditions, il est temps que la responsabilité ministérielle devienne effective.

« Lorsqu'un employé abuse de la confiance de son patron, il est condamné à rembourser le montant des sommes détournées par lui ; il doit en être de même pour le ministre, qui n'est autre chose que l'employé de la nation.

« Les hommes d'Etat ne sont pas d'une espèce particulière : quand donc ils auront outrepassé les crédits mis à leur disposition, il faudra qu'ils soient purement et simplement soumis à la responsabilité civile, et par suite, traduits devant les tribunaux.

« L'égalité démocratique veut que tous les coupables supportent le poids de leurs fautes, et si l'on punit l'employé qui vole son patron, il faut également punir le ministre qui vole la nation. »

Si les *gouvernants* voulaient comprendre le service qu'ils pourraient rendre à leur pays, ils prendraient eux-mêmes l'initiative et déposeraient un projet de loi qui rendrait indistinctement tous les hommes responsables de leurs actes, n'importe quel poste ils puissent remplir, ainsi rendre effectif la plaisanterie qui dit que *tous les Français sont égaux devant la Loi*. Le Ministre qui déposerait, ferait voter et mettre en pratique une telle loi, immortaliserait son nom. Si aucun d'eux ne le fait pas, cette logique finira par être adoptée et mise en pratique, malgré toutes les questions de cabinet qui auraient été posées dans le but d'empêcher qu'elle ne soit votée....

On lisait dans les journaux du 21 mars 1883 que la Cour correctionnelle de Paris avait abaissé la peine prononcée contre des filous qui avaient fait bénir par le Pape, et recommandées par le comte de Chambord, les opérations dolosives de l'Union générale. *Les journaux demandent avec raison si les magistrats croient que de tels jugements relèveraient l'industrie française? Ils ajoutaient* : « Prenez garde, Messieurs; à ce jeu-là, quelquefois, on perd autre chose que de l'argent. »

Selon moi, il est temps de rétablir l'équilibre de la morale; je ne partage pas du tout les idées de M. **Naquet,** *lequel disait, le 17 mars 1883, qu'il estime que l'Etat ne doit pas préserver les citoyens contre leurs propres fautes. Je crois que l'Etat doit prendre l'initiative et empêcher que des spéculateurs malhonnêtes étayent des fortunes scandaleuses sur les ruines et des cadavres, comme l'ont fait dernièrement les faiseurs de l'*Union générale.

Une Nation doit être laborieuse, économe, comprendre que le bien-être et la fortune ne doivent venir que d'un travail honnête, et non du hasard, et le Gouvernement doit lui-même donner l'exemple.

Sans ajouter foi à l'insulte faite aux membres du gouvernement, que je lis dans le *Citoyen* portant la date du 9 juillet 1881 et à qui, bien entendu, j'en laisse toute la responsabilité, je ne puis résister à la tentation de lui emprunter les lignes qui suivent :

« LES POTS DE VIN »

« M. **Goblet** se montrait scandalisé que nous lui ayons offert publiquement un pot de vin pour obtenir l'autorisation de notre loterie en faveur des grévistes.

« Nous n'avions fait cependant, dit le *Citoyen*, que suivre les us et coutumes de l'administration.

« A preuve, M. de **Freycinet,** qui a fait offrir la décoration et trois cent mille francs à **Arabi,** pour livrer son pays.

« Autre preuve plus caractéristique encore. Nous trouvons imprimée dans le *Figaro* d'aujourd'hui, sous la rubrique « Offres et demandes d'emplois », la proposition suivante :

« On met deux cent mille francs à disposition de personne pouvant obtenir sans adjudication, fournitures militaires à effectuer immédiatement en prévision d'une campagne en Egypte. — Ecrire aux bureaux du *Figaro*, initiales T. G. n° 2 (Discrétion garantie). »

« Voilà qui est complet.

« Tout se vend : les choses, les femmes et surtout les hommes, quand ils sont ministres. »

Tout en faisant largement la part de l'esprit de parti qui a dicté au *Citoyen* l'article qu'on vient de lire, n'est-il pas extraordinaire que depuis 1878 que je m'adresse à tous les corps constitués, pour savoir la somme que **le Conservateur** me détient indûment, je ne puisse obtenir aucun chiffre.

Paris. — Imp. N.-M. Duval, rue de l'Echiquier, 17.

SUITE DE LA TABLE DES MATIÈRES

Troisième Partie

ERRATUM : La page 35 transcrit un jugement de la 9me Chambre correctionnelle du 23 juillet 1873, c'est de 23 janvier qu'il faut lire.

CONCLUSIONS

DES

PROTESTATIONS SUR L'ASSASSINAT MORAL

ET

LE DÉNI DE JUSTICE

Ces monstruosités dont je suis victime, ce qui me donne le droit de me **plaindre**, ont fait que j'ai étudié les réformes sages et sensées. J'engage et prie tous les hommes de cœur à méditer les questions de progrès et de solidarité que j'éditerai bientôt.

Au cas où quelques unes ou toutes les preuves irréfutables que je possède seraient nécessaires, je me ferai un plaisir et un devoir de les mettre à la disposition de ceux qui en auraient besoin, soit pour obtenir justice **ou faire rendre gorge aux filous qui les auraient extorqués.** C'est pour cela que, d'ores et déjà, j'autorise leur reproduction, soit par des articles de journaux, par des brochures, pièces de théâtre, comédies, vaudevilles ou tout autre écrit.

Je remercie, honore et vénère les hommes de cœur qui ont osé écrire les livres et les articles de journaux où j'ai puisé les critiques, soit sur la **Police,** les **Tribunaux,** les **Corps constitués par l'organisation actuelle.**

Les publications de la vérité, autorisées par la loi du 29 juillet 1881, ne font pas l'affaire des filous qui ont un intérêt à faire le mal ; ils préféreraient la procédure longue et coûteuse à la publicité ; en conséquence, ils seraient heureux si, dans cette brochure, j'avais dépassé les limites et compris des morveux qui n'ont pas été visés par la loi nouvelle. Ceux-là serviraient de prétexte pour me poursuivre, ils essayeraient ainsi de compléter le crime qui a été si bien commencé, dans ce cas je prierai et ferai appel à tous les hommes qui tiennent une plume de **me prêter main-forte** comme il est dit au terme final de tous les jugements ! ! ! !

C'est pour cela que dans cette brochure je traite plus d'un sujet. Je cite des noms honnêtes et honorables (souvent à côté de ceux **que je cloue au pilori de l'indignation générale**) ; car si je n'avais raconté que les turpitudes de **Pommier,** ou ce que je connais des opérations dolosives de la tontine **le Conservateur,** on n'aurait vu là qu'une question personnelle et on m'aurait laissé seul [illegible] avec les individus qui méritent le titre du chef d'œuvre de [illegible]

PARIS. — IMP. [illegible], 57, RUE DE L'ÉCHIQUIER

www.ingramcontent.com/pod-product-compliance
Ingram Content Group UK Ltd.
Pitfield, Milton Keynes, MK11 3LW, UK
UKHW012043240726
13965UKWH00003B/1003